OFENSIVIDADE EM DIREITO PENAL
Escritos sobre a teoria do crime
como ofensa a bens jurídicos

1115

D259o   D'Avila, Fabio Roberto
      Ofensividade em direito penal: escritos sobre a teoria do crime como ofensa a bens jurídicos / Fabio Roberto D'Avila. – Porto Alegre: Livraria do Advogado Editora, 2009.
      127 p.; 23 cm.
      ISBN 978-85-7348-629-2

      1. Ofensa: Direito penal. 2. Bem jurídico I. Título.

CDU – 343.2

Índice para catálogo sistemático:
Direito Penal   343.2

(Bibliotecária responsável: Marta Roberto, CRB-10/652)

Fabio Roberto D'Avila

OFENSIVIDADE EM DIREITO PENAL
Escritos sobre a teoria do crime
como ofensa a bens jurídicos

Porto Alegre, 2009

© Fabio Roberto D'Avila, 2009

Capa, projeto gráfico e diagramação
Livraria do Advogado Editora

Revisão
Rosane Marques Borba

Direitos desta edição reservados por
Livraria do Advogado Editora Ltda.
Rua Riachuelo, 1338
90010-273 Porto Alegre RS
Fone/fax: 0800-51-7522
editora@livrariadoadvogado.com.br
www.doadvogado.com.br

Impresso no Brasil / Printed in Brazil

Ao Alberto Silva Franco,
em sincera estima e gratidão,
e aos amigos do Instituto Brasileiro de
Ciências Criminais – IBCCrim.

À Wilma Tedesco de Moura,
em saudosa memória.

Wie nennst du dich? (Faust) Die Frage scheint mir klein für einen, der das Wort so sehr verachtet, der, weit entfernt von allem Schein, nur in der Wesen Tiefe trachtet

Que nome tens? (Fausto) Questão de pouco peso para quem vota aos termos tal desprezo e que, afastado sempre da aparência, dos seres só procura a essência

(*Mephistopheles* - J. W. Goethe)

Siglas e abreviaturas

Foro pen.	Il Foro Penale;
FS	Festschrift;
GA	Goltdammer's Archiv für Strafrecht;
JA	Juristische Arbeitsblätter;
JZ	Juristenzeitung;
RBCCr	Revista Brasileira de Ciências Criminais;
RECrim	Revista de Estudos Criminais – ITEC/Porto Alegre;
RIDirPP	Rivista Italiana di Diritto e Procedura Penale;
Rn	Randnummer (número de margem);
RPCC	Revista Portuguesa de Ciência Criminal;
RPen	Revista Penal;
StGB	Strafgesetzbuch (Código Penal alemão);
Vorbem	Vorbemerkung (considerações preliminares);
ZIS	Zeitschrift für Internationale Strafrechtsdogmatik;
ZRP	Zeitschrift für Rechtspolitik;
ZStW	Zeitschrift für die gesamte Strafrechtswissenschaft.

Apresentação

A presente obra é o resultado da seleção e reunião de artigos publicados ao longo dos três últimos anos sobre o conceito de *ofensa a bens jurídicos* – ou, simplesmente, *ofensividade* – em direito penal e o seu contributo para a compreensão e delimitação da noção contemporânea de crime. Todos os artigos voltam-se à mesma questão de fundo, *i.e.*, ao já secular problema da existência de limites materiais ao direito penal, e valem-se, como hipótese, de uma noção de ofensa a bens jurídicos revisitada e atualizada pela compreensão onto-antropológica de crime. Cada escrito propõe-se ao enfrentamento de uma específica dimensão do problema, partindo, inicialmente, da sua contextualização, e avançando através da sua dimensão mais profunda, no âmbito da filosofia, e dos diferentes níveis da normatividade, até a problematização de questões dogmáticas pontuais e de particular relevo para o estado atual do direito penal, o que, aliás, bem ilustra a controvertida legitimação dos crimes de perigo abstrato e dos crimes de acumulação, em sede de direito penal secundário.

O produto final dessa série de problematizações é um importante quadro dos problemas e desafios centrais do primeiro nível de legitimação (legitimação negativa) do ilícito criminal, seguidos de algumas proposições para o seu enfrentamento que, antes de tudo, expressam uma precisa forma de perceber e elaborar as coisas do direito penal, facilmente apreensível pelo leitor a partir do conjunto da obra. E, com isso, pretende-se atender a uma certa demanda acadêmica, no sentido de introduzir e compartilhar com colegas e estudantes o estado da arte, alguns pontos de especial interesse jurídico-criminal e a sua elaboração em um preciso horizonte compreensivo.

Parte significativa do presente estudo deve-se ao generoso financiamento da Fundação Alexander von Humboldt (AvH), concedido à título de pós-doutoramento, durante o ano de 2006 e início de 2007.

Frankfurt am Main, 20 de Janeiro de 2009

Fabio Roberto D'Avila

Sumário

I – Funcionalismo *versus* normativismo no direito penal contemporâneo 15
  1. Breves palavras sobre a projeção e a refração das novas relações sociais 15
  2. Sobre o papel da política criminal no âmbito da "ciência conjunta do direito penal" (*die gesamte Strafrechtswissenschaft*). A política criminal oitocentista de Franz von Liszt e a concepção contemporânea de Claus Roxin 18
  3. Algumas linhas críticas ao pensamento funcional de Claus Roxin 22
    3.1. Equívoco metodológico 25
    3.2. Da excessiva amplitude do conceito de política criminal na resolução de problemas 26
    3.3 A funcionalização do conceito de crime 26
    3.4. Perda de nitidez na visualização do conflito exposto por Liszt 28
    3.5. Da perda de consistência dos princípios e regras penais de garantia em âmbito político-criminal 29
    3.6. O priorizar da dimensão político-criminal como inversão da correta ordem de enfrentamento crítico dos problemas penais 32
  4. Por uma normatividade penal crítica. Sobre a revalorização do direito penal normativo no seio da ciência conjunta do direito penal 33

II – Filosofia e direito penal. Sobre o contributo crítico de um direito penal de base onto-antropológica 41
  1. O espaço do inimigo no direito penal contemporâneo. Breves linhas sobre o "direito penal do inimigo" (*Feindstrafrecht*), de Günther Jakobs 41
  2. O "Cuidado" (*die Sorge*) como fundamento. Reflexões sobre a relação matricial onto-antropológica de cuidado-de-perigo de Faria Costa e sua ressonância no ilícito penal 45
  3. O ilícito como ofensa a bens jurídico-penais 50
  4. Considerações finais 55

III – Teoria do crime e ofensividade. O modelo de crime como ofensa ao bem jurídico 57
   1. Considerações introdutórias 57
   2. Do pecado ao crime. Elementos históricos sobre o surgimento do modelo de crime como ofensa ao bem jurídico 59
   3. Sobre a fundamentação constitucional da ofensividade 67
   4. Ofensividade e direito penal secundário. subsídios para uma necessária aproximação 72

IV – Direito Penal e Direito Administrativo. Elementos para uma distinção qualitativa 81
   1. Considerações iniciais. (In)diferença e identidade 81
   2. Goldschmitd e o *dano emergens* 84
   3. Do qualitativo ao quantitativo, e de volta. Elementos para uma distinção material entre os ilícitos penal e administrativo 87
   4. Resultado e ilícito penal. A possibilidade de adensamento do critério material através da noção de *ofensa a bens jurídico-penais* 93
      4.1. Bem jurídico-penal 96
      4.2. Ofensividade 99
   5. Considerações finais 103

V – Ofensividade e ilícito penal ambiental 105
   1. Meio ambiente e o modelo de crime como ofensa a bens jurídicos. Breves considerações 105
   2. Crimes de perigo abstrato e ofensa de cuidado-de-perigo. Sobre os limites da noção jurídico-penal de ofensividade 108
   3. Crimes de acumulação e ofensividade. A ofensa de cuidado-de-perigo em contextos instáveis 118
   4. Considerações finais 126

I – Funcionalismo *versus* normativismo no direito penal contemporâneo*

1. Breves palavras sobre a projeção e a refração das novas relações sociais

Os inúmeros estudos sociológicos sobre as transformações sociais experienciadas nos últimos anos e a nova forma com que se manifestam as relações na sociedade contemporânea têm dado origem a quadros diversos, mediante enfoques ou pontos de interesse igualmente diferenciados. O nosso tempo não parece ter uma única feição, um único rosto, mas múltiplas feições, múltiplos rostos, que, todavia, não significa dizer serem eles estranhos entre si, ou incapazes de serem reconduzidos a uma única realidade, mesmo que pluriforme, caleidoscópica.[1]

---

* Título original: Os limites normativos da política criminal no âmbito da "ciência conjunta do direito penal". Algumas considerações críticas ao pensamento funcional de Claus Roxin. – A versão final do presente escrito conta com o inestimável contributo dos *reviewers* da *Zeitschrift für Internationale Strafrechtsdogmatik (ZIS)*, razão pela qual importa agradecer, já em suas primeiras linhas, a valiosa e empenhada colaboração prestada pelos *anonymous reviewers*.

[1] Ver, *v.g.*, GAUER, Ruth Chittó. "As fronteiras entre certezas e incertezas do conhecimento". In: *Educação e história da cultura*. Fronteiras, São Paulo: Editora Mackenzie, 2002; SANTOS, Boaventura de Souza, *Um discurso sobre as Ciências*, 11. ed., Porto: Afrontamento, 1999; GIORGI, Raffaele, *Direito, democracia e risco. Vínculos com o futuro*, Porto Alegre: Fabris, 1998; DAMÁSIO, António, *O mistério da consciência: do corpo e das emoções ao conhecimento de si*, tradução de Laura Teixeira Motta e revisão técnica de Luiz Henrique Martins Castro, São Paulo: Companhia das Letras, 2000; BECK, Ulrich, *Risikogesellschaft. Auf dem Weg in eine andere Moderne*, Frankfurt am Main: Suhrkamp, 1986; e, do mesmo autor, "D'une théorie critique de la société vers la théorie d'une autocritique sociale", *DevSoc*, 3 (1994); e "Teoría de la sociedad del riesgo". In: *Las consecuencias perversas de la modernidad*, traduzido por Celso Sánchez Capdequí e revisado por Josexto Berian, Barcelona: Anthropos, 1996; GIDDENS, Anthony, "Modernidad y autoidenti-

Realidade que, dentre tantas características, deixa inequívoco o incremento da complexidade das relações sociais, inaugurando novos espaços de interesse jurídico-penal e pontos de alto nível de problematicidade, nem sempre facilmente tratados pelos instrumentos até então desenvolvidos pela ciência do direito penal.[2] Em palavras muito breves, poderíamos simplesmente dizer que, ao aumento da complexidade, seguem novos problemas que, não raramente, denotam o esgotamento explicativo de critérios jurídicos tradicionais, demandando estudos que propiciem um já indispensável aprimoramento.

Essa constatação, que nada traz de novo à realidade européia, lugar comum para todos aqueles que se debruçam sobre os problemas da ciência jurídico-penal contemporânea,[3] apresenta-se, porém, nos países em desenvolvimento, de forma ainda mais saliente, onde o "novo" convive com a ausência de superação do "velho", em que, nas palavras de Beck, o "medo" convive com a "fome".[4] Lugar social no qual o conjunto de conflitos de diferentes ordens, dimensões e intensidades, somado a uma já longa ausência de medidas responsáveis por parte dos Estados, abre-se em um amplo laboratório social, no qual as relações pessoais e institucionais, catalisadas por elementos urbanos incomuns, tornam possíveis amplos espaços de tensão e assumem cores e contrastes invulgares. Ou, mais propriamente, onde os interesses políticos do Estado no combate à criminalidade,

---

dad". In: *Las consecuencias perversas de la modernidad*, traduzido por Celso Sánchez Capdequí e revisado por Josexto Berian, Barcelona: Anthropos, 1996; SILVA DIAS, Augusto, *Protecção jurídico-penal de interesses dos consumidores*, 2ª ed., Coimbra: policopiado, 2000, p. 8.

[2] Ver FIGUEIREDO DIAS, Jorge de, *Direito penal. Parte geral*, tomo 1, 1. ed. brasileira (2. portuguesa), São Paulo: Revista dos Tribunais e Coimbra Ed., 2007, p. 133 ss.; BORGES, Anselmo, "O crime econômico na perspectiva filosófico-teológica", *RPCC*, 1 (2000), p. 7 ss.; WOHLERS, Wolfgang, *Delikttypen des Präventionsstrafrechts – zur Dogmatik "moderner" Gefährdungsdelikte*, Berlin: Duncker e Humblot, 2000, p. 29 ss. e 43 ss.; HASSEMER, Winfried, "Kennzeichen und Krisen des modernen Strafrechts", *ZRP*, 10 (1992), p. 378 ss.; PRITTWITZ, Cornelius, *Strafrecht und Risiko. Untersuchungen zur Krise von Strafrecht und Kriminalpolitik in der Risikogesellschaft*, Frankfurt am Main: Klostermann, 1993, *passim*; HERZOG, Félix, "Algunos riesgos del Derecho penal del riesgo", *RPen*, 4 (1999), p. 56 s.; STELLA, Federico, *Giustizia e modernità. La protezione dell'innocente e la tutela delle vittime*, 2ª ed., Milano: Giuffrè, 2002, p. 3 ss.; MUÑOZ CONDE, Francisco, "Presente y futuro de la Dogmática jurídico-penal", *RPen*, 5 (2000), p. 48 s.; SILVA SÁNCHEZ, Jesús-María, *La expansión del Derecho penal. Aspectos de la política criminal en las sociedades postindustriales*. 2ª ed., Madrid: Civitas, 2001, p. 149 ss.; MENDOZA BUERGO, Blanca, *El derecho penal en la sociedad del riesgo*, Madrid: Civitas, 2001, p. 64 ss.

[3] Ver nota anterior.

[4] BECK, Ulrich. *Risikogesellschaft*. Auf dem Weg in eine andere Moderne, Frankfurt am Main: Suhrkamp Verlag, 1986, p. 66.

muitas vezes na forma de um lamentável "populismo punitivo",[5] se mantêm em forte e contínua tensão com os direitos e as garantias fundamentais, acabando, não raramente, por prevalecer sobre esses, quer gerando pequenas violações a princípios e regras fundamentais, geralmente, percebidos e combatidos apenas em âmbito técnico, quer gerando atos de explícita e acintosa arbitrariedade.[6]

Diante dessa complexa rede de relações, depara-se a ciência jurídico-penal em sua tarefa de zelar pelos direitos e garantias fundamentais, de zelar pelo equilíbrio e racionalidade na atuação reservada à sua intervenção. E a pergunta, inevitável pergunta que daí advém, perfaz-se em saber se essa crítica que compete às ciências penais é, ou ao menos deve ser, uma crítica de acento político-criminal. Se dado o particular momento de desenvolvimento das idéias penais na Europa continental, se dado o momento de evidente ascensão da política criminal no seio da "ciência conjunta do direito penal", deve ser esse questionamento crítico, também ele, um questionamento que se faz primeiro e fundamentalmente em âmbito político-criminal.[7]

Dessa pergunta depreendem-se, por um lado, problemas de ordem prática, como aquele já oportunamente salientado por Hassemer, no que tange à pouca, ou nenhuma, penetração do discurso jurídico-científico germânico, no atual espaço de elaboração das leis penais,[8] espaço, por excelência, da política criminal. Por outro, a opção por uma orientação de tom político-criminal não se restringe apenas a demarcar o ponto de onde se deve tomar a "ciência conjunta do direito penal" (*die gesamte Strafrechtswissenschaft*). Ela inaugura um verdadeiro horizonte compreensivo, no qual o direito penal é compreendido e reestruturado, de modo a respeitar o fundamento

---

[5] Ver LARRAURI, Elena, "Populismo punitivo y como resistirlo". *RECrim*, 25 (2007), p. 9 ss.

[6] A título ilustrativo, ver, no que tange ao Brasil, "CARTA DE PRINCÍPIOS DO MOVIMENTO ANTITERROR", *RECrim*, 10 (2003), p. 07 ss.; CARVALHO, Salo de; WUNDERLICH, Alexandre, "O suplício de Tântalo: a lei 10.792/03 e a consolidação da política criminal do terror". In: *Leituras constitucionais do sistema penal contemporâneo*, org. por Salo de Carvalho, Rio de Janeiro: Lumen Juris, 2005, p. 383 ss.; e, sobre a realidade colombiana, ACOSTA, Juan Oberto Sotomayor, ¿El derecho penal garantista en retirada?, *RECrim*, n.28 (2008), p. 22 ss.

[7] Ver, por todos, FIGUEIREDO DIAS, Jorge de. *Direito Penal*, p. 33 ss.; e ROXIN, Claus, *Strafrecht. Allgemeiner Teil*, vol.1, 4. ed., München: Beck, 2006, p. 227 ss.

[8] HASSEMER, Winfried, "Das Selbstverständis der Strafrechtswissenschaft gegenüber den Herausforderungen ihrer Zeit". In: *Die deutsche Strafrechtswissenschaft vor der Jahrtausende. Rückbesinnung und Ausblick*, org. por Albin Eser, Winfried Hassemer e Björn Burkhardt, München: Beck, 2000, p. 41.

que se lhe atribui e o atendimento aos fins que lhe são estabelecidos. Vale dizer: inauguram-se novos pontos de partida e de chegada. Mas também, e fundamentalmente, a precisa conformação do direito penal que deverá cumprir esse percurso. Daí, pois, a premência teórica e prática da reflexão que aqui se propõe.

2. Sobre o papel da política criminal no âmbito da "ciência conjunta do direito penal" (*die gesamte Strafrechtswissenschaft*). A política criminal oitocentista de Franz von Liszt e a concepção contemporânea de Claus Roxin

A questão da influência da política criminal sobre os conceitos jurídicos fundamentais do direito penal e, daí também, do papel da política criminal no seio da ciência conjunta do direito penal foi, já no final do século XIX, objeto não só de uma atenta reflexão por Franz von Liszt, mas de considerações que ainda hoje servem de referência para uma correta compreensão do tema. E, para tanto, para responder, adequadamente, tal questionamento, Liszt toma o cuidado de precisar, de antemão, o que se deve entender, no âmbito da ciência conjunta do direito penal, por política criminal, dogmática penal (direito penal normativo ou, ainda, simplesmente, direito penal) e sociologia criminal, interessando-nos, neste escrito, os dois primeiros conceitos.

Por "direito penal" (*Strafrecht*), concebe Liszt "o conjunto das regras jurídicas através das quais a pena como conseqüência jurídica é unida ao crime como tipo legal",[9] sendo a função da chamada ciência jurídico-penal "a reunião sistemática e o desenvolvimento destas regras jurídicas". As normas jurídicas, afirma o autor, "são o seu objeto, e a lógica é o seu método".[10] O que, por sua vez, e eviden-

---

[9] LISZT, Franz von. *Strafrechtliche Aufsätze und Vorträge*, vol. 2, Berlin: Guttentag, 1905 (reimpr. por Walter de Gruyter, 1970) (publicação original de 1893), p. 77. Esse mesmo conceito pode também ser encontrado na versão portuguesa do "Direito Penal Alemão", de Liszt (LISZT, Franz von. *Tratado de direito penal allemão*, Tomo I, trad. por José Hygino Duarte Pereira, Rio de Janeiro: Briguiet, 1899, p. 1), bem como em sua obra com Eberhard Schmidt (LISZT, Franz von; SCHMIDT, Eberhard. *Lehrbuch des Deutschen Strafrechts*, vol. 1, Berlin, Leipzig: 1932, p. 1).

[10] LISZT, Franz von, *Strafrechtliche Aufsätze*, vol.2, p. 77.

temente, impediria a existência de uma oposição real com a sociologia jurídica. Essa, tomada como investigação científica das causas e conseqüências do crime, teria objeto e método diversos.[11]

Em contrapartida, a política criminal (*Kriminalpolitik*) surge na elaboração de Liszt como a "reunião ordenada de princípios (aqui no sentido de regras de razoabilidade), segundo os quais deve ser conduzida a luta da ordem jurídica contra o crime".[12] Ou, ainda, de forma mais pormenorizada, "o conjunto sistemático de princípios baseados na investigação científica das causas do crime e conseqüências da pena, segundo os quais o Estado, por meio da pena e mecanismos a ela análogos [casas de correção, educacionais, etc.], deve conduzir a luta contra o crime".[13] A política criminal origina-se, assim, da intenção de combater o crime e realiza essa tarefa apoiando-se na sociologia criminal. Não é possível combater o crime, sem antes ser ele conhecido como fenômeno submetido a determinadas leis. Mas o conhecimento científico é, para a política criminal, apenas meio para a obtenção do seu objetivo prático, nomeadamente a "luta contra o crime" (*Kampf gegen das Verbrechen*).[14]

A partir de tais categorias, questiona Liszt a utilidade de mantermos o antiquado edifício de conceitos complicados a que chamamos de dogmática penal, no lugar de substituí-lo por uma nova construção de cunho político-criminal.[15] Se tivéssemos coragem, observa o autor, de substituir os códigos penais por um único artigo com o seguinte conteúdo: "todo homem que constitua um perigo público deve, no interesse da coletividade, ser inocuizado, pelo tempo que for necessário". Então, teríamos, com um único golpe, posto por terra todo "um mar de livros de doutrina e manuais, de comentários e monografias, de controvérsias e decisões judicias". Os juristas, nas fortes palavras de Liszt, "teriam renunciado, para o bem do 'higienizador social'". Na ausência de toda a tralha da "criminalís-

---

[11] LISZT, Franz von, *Strafrechtliche Aufsätze*, vol.2, p. 78.
[12] LISZT, Franz von, *Strafrechtliche Aufsätze*, vol.2, p. 78.
[13] LISZT, Franz von, *Strafrechtliche Aufsätze und Vorträge*, vol. 1, Berlin: Guttentag, 1905 (reimp. por Walter de Gruyter, 1970) (publicação original de 1889-1892), p. 292
[14] LISZT, Franz von, *Strafrechtliche Aufsätze*, vol.2, p. 79. Para uma conceituação mais atual de direito penal (normativo) e política criminal – que, todavia, em nada invalida o contraste que aqui se pretende – ver FARIA COSTA, *Noções fundamentais de direito penal. Fragmenta iuris poenalis*. Introdução, Coimbra: Coimbra Ed., 2007, p. 68 ss., FIGUEIREDO DIAS, Jorge de, *Direito penal*, p. 27 ss.
[15] LISZT, Franz von, *Strafrechtliche Aufsätze*, vol.2, p. 79 s.

tica clássica", poderia ser tomada, no caso concreto, a decisão mais vantajosa à coletividade.[16]

Mas esse não é o caminho recomendado pelo autor. Para Liszt, por mais paradoxal que possa parecer, "o código penal é a magna carta do criminoso". O seu objetivo não é proteger a ordem jurídica ou a coletividade, mas o indivíduo violador, concedendo o direito de ser punido, apenas e exclusivamente, dentro dos limites da lei e mediante o atendimento de seus pressupostos. E, aqui, exemplifica, valendo-se do princípio da legalidade. O *nullum crimen sine lege, nulla poena sine lege* é o baluarte do cidadão diante do poder estatal, diante do poder da maioria, diante do Leviathan. O direito penal torna-se, nesse contexto, "o poder estatal delimitado juridicamente". Ou, ainda, em uma de suas mais eloqüentes assertivas: "o direito penal é a barreira intransponível da política criminal" (*das Strafrecht ist die unübersteigbare Schranke der Kriminalpolitik*).[17] E, com isso, apresenta Liszt o direito penal (dogmática penal) como espaço no qual se defende a liberdade individual contra os interesses da coletividade, no qual os interesses de persecução do Estado se vêem, necessariamente, limitados pelas garantias preestabelecidas pela lei penal.[18]

A essa forma de pensar, entretanto, opõe hoje Claus Roxin uma série de argumentos. Em seu célebre escrito, intitulado *Política criminal e sistema jurídico-penal*,[19] destaca o equívoco de tomar a política criminal e o direito penal a partir de uma relação de tensão, a partir de uma relação dicotômica, propondo, em seu lugar, uma compreensão que os reúna na forma de síntese, tal qual convivem hoje as noções de Estado de Direito e Estado Social.[20] Conclusão que é antecedida de duas críticas fundamentais ao trabalho de Liszt.

Ressalta, em um primeiro momento, que, muito embora o pensamento sistemático defendido por Liszt tenha o mérito de propiciar uma maior uniformidade e clareza na aplicação do direito, reduzindo o arbítrio judicial em prol de uma maior segurança jurídica, o "minucioso trabalho sistemático de nossa dogmática" não apresen-

---

[16] LISZT, Franz von, *Strafrechtliche Aufsätze*, vol.2, p. 80.

[17] LISZT, Franz von, *Strafrechtliche Aufsätze*, vol.2, p. 80.

[18] LISZT, Franz von, *Strafrechtliche Aufsätze*, vol.2, p. 81.

[19] ROXIN, Claus, *Política criminal e sistema penal*, trad. por Luís Greco, Rio de Janeiro: Renovar, 2000.

[20] ROXIN, Claus, *Política criminal*, p. 20.

taria proporção entre "os esforços investidos pelos estudiosos e suas conseqüências práticas". O priorizar das idéias de "organização, igualdade e domínio sobre a matéria" torna as "discussões sobre o sistema 'correto'" pouco produtivas.[21]

Em uma segunda crítica, afirma que as soluções claras e uniformes, como aquelas que propiciam um sistema no qual os questionamentos político-criminais não possuem espaço, não são, necessariamente, ajustadas ao caso. De que serviria, afinal, "a solução de um problema jurídico, que apesar de sua linda clareza e uniformidade é político-criminalmente errada? Não será preferível uma decisão adequada do caso concreto, ainda que não integrável no sistema?"[22] Vale dizer: haveria aqui de se questionar sobre o eventual conflito entre a solução adequada ao sistema e aquela adequada aos olhos da política criminal. Concluindo, daí, que aceitar uma correção de cunho político-criminal das soluções dogmáticas ocasionaria ou um significativo abalo à pretensão de aplicação constante e não-arbitrária do direito, ou o reconhecimento de que a solução em termos valorativos (político-criminais) não afeta a segurança jurídica e o domínio sobre a matéria, colocando em questão, por decorrência lógica, a utilidade do pensamento sistemático.[23]

Contudo, no entender de Roxin, a solução para um tal impasse não se encontra em uma oposição ao pensamento sistemático, eis que o seu contributo à segurança jurídica em âmbito penal é irrenunciável; e sim na oposição a determinadas premissas que, equivocadamente, lhe dão sustento, especialmente, o positivismo jurídico. É o positivismo jurídico que, ao afastar da esfera do direito o social e o político, confere sustento à tensão entre direito penal e política criminal. Aqui, o cuidar do conteúdo social e dos fins do direito penal é tarefa que compete à política criminal, e ela, porém, está fora do âmbito jurídico, restrita aos espaços de *lege ferenda* e de execução penal.[24] Daí que a solução encontrada pelo autor não poderia se perfazer, senão em uma aproximação que se revela, ao fim e ao cabo, em uma verdadeira síntese entre direito penal e política criminal.

---

[21] ROXIN, Claus, *Política criminal*, p. 5 s.
[22] ROXIN, Claus, *Política criminal*, p. 7.
[23] ROXIN, Claus, *Política criminal*, p. 9.
[24] ROXIN, Claus, *Política criminal*, p. 10 ss.

Nesse sentido, busca salientar que a tarefa da lei não mais se esgota na função garantística destacada por Liszt. E sim que, ao lado de tais exigências, "problemas político-criminais constituem o conteúdo próprio também da teoria geral do crime". Mesmo o princípio da legalidade possui, para além da função liberal de proteção, também a finalidade de "fornecer diretrizes comportamentais", de modo a se apresentar como um importante instrumento de regulação social. O que, por sua vez, ocorreria nos mais variados campos da teoria do crime, como a legítima defesa, o erro em direito penal e a desistência na tentativa.[25]

Desse modo, entende Roxin que o caminho correto a ser tomado já começa a ganhar forma e não pode ser outro, exceto "deixar as decisões valorativas político-criminais introduzirem-se no sistema do direito penal", permitindo o surgimento de uma síntese em que as idéias de submissão ao direito e adequação a fins político-criminais, ao invés de entrarem em contradição, compõem uma unidade dialética, semelhante, como já referido, ao que ocorre entre as noções de Estado de Direito e Estado Social.[26]

3. Algumas linhas críticas ao pensamento funcional de Claus Roxin

É indiscutível a correção de Roxin, no sentido de que a grande questão do direito penal normativo não reside em acertos meramente conceituais, próprio de sistemas de feição acentuadamente positivistas (silógico-formais), mas em decisões de valor, orientadas por determinados princípios reitores. E, sobre isso, diga-se, já parece haver algum consenso. A dúvida está em saber se esses critérios, nos quais deve encontrar orientação a normatividade penal, são critérios exclusivamente político-criminais ou, ao menos, que encontram nesse âmbito a sua marca de maior expressão.

Não por casualidade é que Stratenwerth identifica nessa precisa interrogação o ponto de partida de sua breve, porém consistente,

---

[25] ROXIN, Claus, *Política criminal*, p. 13 ss.
[26] ROXIN, Claus, *Política criminal*, p. 20.

crítica à elaboração teórica de Roxin. Como bem observa, se temos por referência a idéia de política criminal como reação jurídico-penal voltada ao combate da criminalidade, é preciso concluir pela ausência de função especificamente político-criminal do princípio *nullum crimen*, o qual pode representar, muitas vezes, um verdadeiro estorvo na persecução de certos comportamentos.[27] Do mesmo modo, em que pese ser a ilicitude um espaço de decisão acerca de conflitos de valores, está longe de poderem ser estes reduzidos a interesses de natureza meramente político-criminal. E, no que tange à culpabilidade, salienta ainda Stratenwerth que também esse juízo muito dificilmente poderia ser encontrado mediante simples recurso às expectativas de prevenção, em razão da complexidade que envolve o tema. Para o autor, enfim, os critérios de valor de que se vale o direito penal não são, em sua maioria, aqueles da política criminal. A não ser que se queira recorrer a uma proposição geral, segundo a qual o valor "correto" seria sempre exigido também político-criminalmente.[28]

Essa é, de fato, a primeira dificuldade que se impõe para a correta compreensão das idéias de Roxin e também para a bondade de toda e qualquer crítica que contra ela se levante: a precisa delimitação daquilo que, em sua proposição teórica, se deve entender por política criminal. Daí não causar surpresa o fato de que, à primeira objeção levantada por Stratenwerth, isto é, sobre a função sistemática do princípio da legalidade, responda Roxin com o argumento de ser tal objeção nada mais que expressão da concepção dualista de Liszt, precisamente aquilo que ele pretende superar.[29]

Alega Roxin que a "tensão entre o interesse da persecução e o da liberdade, pelo contrário, é inerente ao conceito de política criminal", que as "funções de motivação e garantia desempenhadas pelos tipos são dois lados da mesma finalidade político-criminal".[30] Para além disso, entende que a interpretação do tipo segundo o bem jurídico, o surgimento da ilicitude material e a noção de reprovabilidade no âmbito da culpabilidade – elementos que ascendem ao espaço teórico-sistemático, a partir do pensamento neokantista – consistem

---

[27] STRATENWERTH, Günter. "Buchbesprechungen – Roxin, Claus. Kriminalpolitik und Strafrechtssystem. Schriftenreihe der Juristischen Gesellschaft e. V. Berlin, Heft 39. Walter de Gruyter & Co. Berlin 1970", *Monatsschrift für Kriminologie und Strafrechtsreform*, 4 (1972), p. 196 s.
[28] STRATENWERTH, Günter, "Buchbesprechungen", p. 197.
[29] ROXIN, Claus, *Política criminal*, p. 90.
[30] ROXIN, Claus, *Política criminal*, p. 90 s.

em valorações político-criminais.[31] E não só. O princípio de proteção da ordem jurídica – de que o direito não necessita ceder diante do injusto – encontra fundamento em premissas político-criminais.[32] Os conflitos de valor próprios do âmbito da ilicitude são também questões de política criminal, uma vez que acabam por traçar os limites entre o crime e a justificação.[33] A não-punição de fatos em que o agente é exposto a sério perigo se dá apenas por critérios de política criminal, nomeadamente a falta de necessidade de prevenção, em razão da irrepetibilidade, e pela baixa culpabilidade.[34] E a teoria do erro e a desistência na tentativa são (devem ser) fundamentadas apenas pela teoria dos fins das penas.[35]

Ora, um tal conceito de política criminal que pretenda assumir tantos papéis só pode ser concebido se ultrapassar os estreitos limites daquele com o qual trabalha Liszt. Aqui, se bem vemos, a noção de política criminal ganha substancialmente em significação. Abre-se para os mais variados princípios reitores do direito penal, de modo não só a abranger seus opostos, como afirma expressamente Roxin, ao referir-se às noções de garantia e prevenção sob um *nullum crimen* político-criminal, mas de forma a encontrar nessa mesma dialética a completude de sua feição. Significa dizer, sem rodeios, que os princípios fundamentais de direito penal, que os critérios axiológicos reitores da dogmática penal são agora nada mais que política criminal. Daí, por certo, não se poder falar em conflito, já que todo e qualquer conflito seria antes um "conflito" político-criminal, próprio de sua dialética. Eis, pois, o alegado equívoco de Stratenwerth.

Se é bem verdade que essa forma de ver as coisas propiciou muitos ganhos em termos científicos e políticos, entre os quais a própria afirmação de um espaço político-criminal crítico, conquistando, não por outro motivo, seguidores por todo lado, não é menos verdade que também ela encontra algumas dificuldades, seja em termos de legitimação, seja em termos de adequação ou, mesmo, utilidade. Dificuldades, vale salientar, que, embora não restritas a um determinado espaço de discursividade jurídico-penal, não raramente, se

---

[31] ROXIN, Claus, *Política criminal*, p. 24 ss.
[32] ROXIN, Claus, *Política criminal*, p. 58.
[33] ROXIN, Claus, *Política criminal*, p. 91 s.
[34] ROXIN, Claus, *Política criminal*, p. 70.
[35] ROXIN, Claus, *Política criminal*, p. 72 ss.

fazem especialmente sensíveis a países em desenvolvimento, haja vista a ainda frágil situação dos direitos humanos.

3.1. Equívoco metodológico

O primeiro ponto que pode ser levantado em oposição à proposta de Roxin consiste em um equívoco metodológico: acaba por afirmar exatamente aquilo que pretende corrigir. Como já salientado, a elaboração em análise levanta-se, manifestamente, contra sistemas teóricos puramente conceituais, vazios de orientação axiológica, que, ao término, resumem-se a um silogismo formalista. Pois é exatamente esse modelo de normatividade que pressupõe Roxin ao considerar indispensável a política criminal como espaço que dará forma, sentido e orientação à normatividade. Se os princípios reitores da dogmática penal, se os critérios axiológicos que lhe devem servir de base já não mais estão na normatividade, mas na política criminal, encontrando, daí, apenas e exclusivamente nela, a orientação axiológica capaz de lhe conduzir, de forma ajustada, aos parâmetros de um Estado democrático e social de Direito, o que então resta à normatividade? Ao seu espaço próprio, não sobram senão conceitos vazios de sentido, incapazes de encontrar qualquer aplicação que fuja ao indesejado silogismo formalista. Apenas uma compreensão de normatividade nesses termos dá sentido à sugerida síntese dialética com um conceito de política criminal dimensionado nos termos em que faz Roxin, vale dizer, apenas a exata compreensão de normatividade tida como e combatida por manifestamente inaceitável. Uma normatividade incapaz de encontrar, em si mesma, sentido, função e orientação axiológicos, suficientemente consistentes.

Ademais, se por um lado o sistema teleológico-funcional, quando comparado ao modelo de Liszt, apresenta-se claramente enriquecido em termos axiológicos, por outro, tal contraste já não é assim tão saliente, quando temos como referencial o modelo neoclássico de crime. À parte das críticas que contra essa orientação foram e são direcionadas, é indiscutível que marcam não só um valioso e irrenunciável enriquecimento axiológico, obtido por questionamentos próprios da normatividade, mas também a possibilidade de caminhos bastante diversos daqueles de inclinação funcionalista. Por certo que o problema do direito penal está centrado em juízos de valor.

Contudo, longe isso está de significar que o único caminho para se ascender a esses juízos seja deslocando-os para um âmbito diverso ao da normatividade, e mediante a aplicação de critérios axiológicos igualmente estrangeiros ao espaço normativo.

3.2. Da excessiva amplitude do conceito de política criminal na resolução de problemas

A versatilidade que confere Roxin à noção de política criminal implica uma excessiva abertura e, portanto, também a perda do seu rigor conceitual como critério de orientação na resolução de casos, servindo, muitas vezes, de recurso meramente retórico.

O que se deve entender por "político-criminalmente correto" ou "político-criminalmente errado" depende, fundamentalmente, do critério de valor utilizado. Se, por um lado, está claro que se deseja, a partir dessa forma de ver as coisas, uma aproximação com os conteúdos sociais e os fins do direito penal, por outro, não fica suficientemente claro quais são os precisos critérios que irão permitir essa aproximação, bem como os fundamentos que os permitem ascender a essa posição e os fazem únicos ou, ao menos, preferíveis a outros critérios.

Se a noção de bem jurídico, o surgimento da ilicitude material, a reprovabilidade, a excludente da ilicitude do estado de necessidade supralegal e o conceito de exigibilidade na teoria da culpabilidade são, todos eles, exemplos de "incorporações de valorações político-criminais",[36] resta saber qual é o limite, se há algum, para o reconhecimento de um valor como critério político-criminal, em que está, enfim, o parâmetro para essa afirmação. O que, por certo, deve ser encontrado nos limites estritos da dimensão político-criminal, e não em uma eventual referência à normatividade penal ou constitucional. Pois, se assim procedesse, não poderia nela reconhecer o vazio axiológico de que se vale para se erigir em diretriz axiológica.

3.3. A funcionalização do conceito de crime

Uma das conseqüências mais intensas da elaboração funcional de Roxin recai sobre a noção de culpabilidade. Afastando-se da

---

[36] ROXIN, Claus, *Política criminal*, p. 25.

conhecida formulação em termos de poder-agir-de-outro-modo, o autor propõe, em seu lugar, uma compreensão estabelecida na idéia de necessidade de aplicação da pena criminal.[37] Em seu entender, hipóteses como a coação moral irresistível ou o estado de necessidade exculpante, tradicionais causas de exclusão da culpabilidade, não dizem respeito à possibilidade de agir de outra maneira, eis que esta, mesmo em se tratando de casos extremos, ainda assim estaria presente. A não-punição encontraria fundamento, mais propriamente, em critérios de prevenção. Ou, de forma mais precisa, na sua excepcionalidade,[38] no fato da "irrepetibilidade de tais situações" tornar "desnecessária a prevenção, tanto geral como especial".[39] O conceito de culpabilidade é, assim, substituído por uma noção mais ampla de "responsabilidade" (*Verantwortlichkeit*), estabelecida a partir do merecimento de pena pela prática de um fato típico e ilícito. Nas palavras de Roxin: "a responsabilidade surge, no âmbito das determinações da punibilidade, como a realização dogmática da teoria político-criminal dos fins da pena".[40]

Um tal modo de ver as coisas da culpabilidade está muito distante do nosso horizonte compreensivo, quer em seu fundamento geral, quer nas razões de admissão de seus critérios de exclusão. Não nos parece possível e tampouco saudável delimitar as vertentes axiológicas da culpabilidade ao superficial e restrito universo da prevenção geral e especial[41] ou mesmo falar em não-punição por irrepetibilidade dos fatos, quando, mesmo a sua hipotética reiteração, não convenceria em alterar a solução jurídico-penal do caso. Contudo, não é este o lugar para aprofundarmos questões dessa natureza.

---

[37] ROXIN, Claus, *Política criminal*, p. 31.
[38] ROXIN, Claus, *Strafrecht*. Allgemeiner Teil, 4. ed., München: Verlag C.H. Beck, 2006, vol.1, p. 226 e 852.
[39] ROXIN, Claus, *Política criminal*, p. 70.
[40] ROXIN, Claus, *Strafrecht*, p. 226.
[41] Não por outra razão, podemos surpreender a responsável preocupação de Figueiredo Dias em delimitar a culpabilidade a determinados parâmetros axiológicos. Afirma, *hoc sensu*, que o conceito material subjacente à culpabilidade "não é funcionalmente determinado a partir de uma perspectiva sistêmico-social, mas exprime uma realidade axiológica (uma valoração ética) insuscetível de manipulação utilitarista" (FIGUEIREDO DIAS, Jorge de, *Direito Penal*, p. 275). E, nesse mesmo sentido, de forma impressiva, sustenta Costa Andrade que a racionalidade funcional deve estar "inteiramente colonizada pela densidade axiológica da *Wertrationalität*". Através do que pretende, inclusive, atender à exigência de von Liszt acerca do direito penal como limite intransponível da política criminal (ANDRADE, Manuel da Costa, "A dignidade penal e a carência de tutela", *RPCC*, 2 (1992), p. 181 s.).

Mais vale aqui uma breve chamada de atenção para conseqüências ainda mais profundas de uma tal forma de pensar o direito penal.

Ora, se é bem verdade que o conceito de culpabilidade (ou reprovabilidade) é elemento fundamental e indispensável para o reconhecimento do crime, uma construção teórica que pretenda vincular a reprovabilidade à necessidade (preventiva) de pena acaba por condicionar o reconhecimento da existência do crime à sua conseqüência jurídica, o que é, aos nossos olhos, lógico e metodologicamente equivocado.[42] A vinculação de conseqüências jurídicas a um fato (criminoso) tem como pressuposto lógico o prévio reconhecimento da sua existência. Apenas quando se tem por certo a ocorrência de um crime é que se faz possível cogitar sobre a legitimidade e conveniência político-criminal de lhe atribuir uma determinada sanção, eis que, caso contrário, estaríamos por suprimir-lhe, de forma irremediável, a própria possibilidade de existência enquanto fenômeno, estaríamos por admitir uma noção de crime que deixa de ter conteúdo próprio para assumir, ele mesmo, um conteúdo funcionalizado: existe se atender à função que lhe é atribuída.[43]

3.4. Perda de nitidez na visualização do conflito exposto por Liszt

O desejo de estabelecer uma política criminal crítica, constitucionalmente orientada, parece-nos não só adequado, como tarefa inafastável em um Estado Democrático de Direito. Todavia, a concessão de prevalência a esse espaço crítico, no âmbito da ciência conjunta do direito penal, de modo a recepcionar, inclusive, a tensão entre o interesse de persecução e a liberdade, acarreta um sensível esfumaçamento, uma sensível perda dos contornos de um conflito de indiscutível atualidade,[44] e que se apresenta de modo muito ex-

---

[42] Também assim, Zaffaroni e Pierangeli para quem "essa limitação do delito através da teoria a pena, inverte a colocação geral da questão: questionamos se há delito para saber se devemos aplicar a pena e não o contrário" (ZAFFARONI, Eugenio Raúl; PIERANGELI, José Henrique. *Manual de direito penal brasileiro*. Parte geral, 4.ed., São Paulo: Revista dos Tribunais, 2002, p. 611).

[43] Algo que, como bem observa Castanheira Neves, já está presente na atitude do funcionalismo jurídico perante o direito, na sua pergunta básica: "o direito para que serve?". Estamos, prossegue o autor, "perante uma assimetria em que a autonomia constitutiva do *input* é sacrificada à aptimização do *output*" (CASTANHEIRA NEVES, A., "Entre o 'legislador', a 'sociedade' e o 'juiz' ou entre 'sistema', 'função' e 'problema' – os modelos actualmente alternativos da realização jurisdicional do direito". In: *Boletim da Faculdade de Direito* 74 (1998), Coimbra, p. 26).

[44] HASSEMER, Winfried, "Desenvolvimentos previsíveis na dogmática do direito penal e na política criminal", *RECrim*, 29 (2008), p. 10 ss.; LARRAURI, Elena, "Populismo punitivo", p. 9 ss.

pressivo na concepção de Liszt, isto é, do constante conflito entre os interesses estatais de combate à criminalidade com os interesses de preservação de direitos e garantias fundamentais.

Com isso, não queremos dizer que são interesses opostos, compreensão que, certamente, já não pode ter lugar nos quadros de um direito penal legítimo, uma vez que só na tutela de bens jurídico-penais, ou seja, em benefício de direitos e garantias fundamentais, é que o direito penal encontra hoje seu lugar de legitimidade. O que se deseja ressaltar é o fato de uma eventual e inevitável disfunção entre esses interesses, lugar comum principalmente em países em desenvolvimento,[45] em vez de ser recepcionada como conflito que toca, em primeiro lugar, a normatividade, como espaço de garantia, passa a ser traduzida como problema de adequação político-criminal, no qual se deverá verificar a propriedade jurídica, ou mesmo jurídico-constitucional, dos interesses político-criminais em questão. Termos em que, por evidência, perde-se em nitidez, quando em comparação à concepção lisztiniana.

3.5. Da perda de consistência dos princípios e regras penais de garantia em âmbito político-criminal

Essa nova dimensão que assume o conceito de política criminal nos dias de hoje, como centro de convergência de princípios (penais e constitucionais) e âmbito de decisão política informadora e conformadora do direito penal, para além de provocar uma desvalorização da dimensão normativa desses mesmos princípios e regras – acabando, como já mencionado, por tornar a dogmática exatamente aquilo que critica, é dizer, um espaço conceitual, silógico, vazio de conteúdo e direcionamento – termina por retirar demasiada consistência dos princípios e regras reitores da ordem jurídico-penal, pelo simples fato de recepcioná-los e trabalhá-los em um âmbito assumidamente político. Mas não só. Também por esses princípios e regras estarem não em um contexto político axiologicamente "neutro", o que, por óbvio, pela natureza das coisas, sequer se poderia esperar de um ambiente político. Mas sim em um contexto político assumidamente

---

[45] Ver, *v.g.*, "CARTA DE PRINCÍPIOS DO MOVIMENTO ANTITERROR", p. 07 ss.; CARVALHO, Salo de; WUNDERLICH, Alexandre, "O suplício de Tântalo", p. 383 ss.; ACOSTA, Juan Oberto Sotomayor, "¿El derecho penal garantista en retirada?", p. 22 ss.

marcado pelo atendimento a um bem determinado objetivo: o interesse de prevenção geral positiva.[46]

Não se trata, portanto, de simplesmente conferir maior "flexibilidade" a princípios e regras, em função da sua tomada em um ambiente político, o que, por si só, e por razões evidentes, já não seria positivo, mormente em contextos jurídicos em que tais princípios ainda não se encontram suficientemente assimilados. O problema agrava-se consideravelmente quando essa flexibilidade se dá em um ambiente fortemente caracterizado pelo convívio desequilibrado de interesses, por uma predeterminação teleológica, em função de interesses de prevenção. Isso significa dizer que, muito embora seja a política criminal contemporânea um centro de convergência de princípios e regras reitores da discursividade penal, estes não são considerados em condições de razoável igualdade com os interesses que dão feição ao pensamento funcional.

Daí não causar admiração alguma, a usual derroga de princípios fundamentais ou mesmo regras de direito penal, em prol do bom atendimento de objetivos prevencionistas. Admitir que determinado princípio é o núcleo fundamental do ilícito criminal não significará dizer, por essa exata razão, que deverá ser mantido, quando em conflito com interesses de prevenção geral. Para tanto, basta considerarmos o posicionamento de Ferrando Mantovani que, conquanto assevere o *principio di offensività*[47] como baricentro de uma or-

---

[46] Conquanto a existência de elaborações que, assumida e responsavelmente, demonstram preocupação em delimitar o sistema funcional à determinados parâmetros axiológicos, nomeadamente no que diz respeito à culpabilidade (ver, por todos, os já mencionados trabalhos de DIAS, Jorge de Figueiredo, *Direito Penal*, p. 275, ANDRADE, Manuel da Costa, "A dignidade penal", p. 181 s.), longe está de ser injustificável, em um contexto funcional, o temor de uma tendencial sobreposição da chamada *Zweckrationalität* à *Wertrationalität*. "A "racionalidade assumida pelo funcionalismo", são palavras de Castanheira Neves, "é a que corresponde à "razão instrumental" (no sentido de Horkheim) ou, se quisermos, à *Zweckrationalität*", aqui entendida a partir da dicotomia de Max Weber (CASTANHEIRA NEVES, A., "Entre o 'legislador'", p. 24). Daí merecer razão Hassemer, ao observar, no atual contexto político-criminal, a instrumentalização do direito penal em prol da eficácia e os riscos que corre o princípio fundamental da culpabilidade "em um sistema jurídico-penal que está preso ao efeito preventivo" (HASSEMER, Winfried, "Desenvolvimentos previsíveis", p. 12 s. e 15).

[47] Embora a noção jurídico-penal de ofensividade (*offensività*) não encontre reconhecimento apenas no direito penal italiano, seu espaço de maior expressão, mas também no direito penal português e brasileiro, enfrenta, bem observa Manes, grande dificuldade para a sua tradução ao alemão (MANES, Vittorio, "Der Beitrag der italienischen Strafrechtswissenschaft zur Rechtsgutslehre", *ZStW*, 114 (2002), p. 722). Todavia, é possível identificar, também no espaço de discurssividade penal germânico, elaborações que se aproximam da sua idéia central, nomeadamente os trabalhos de STÄCHELIN, Gregor, *Strafgesetzgebung im Verfassungsstaat*, Berlin, 1998, p. 55 ss. e 90 ss.; do mesmo autor, "Interdependenzen zwischen der Rechtsgutstheorie

dem penal garantista e democrática, além de princípio recepcionado constitucionalmente, admite o seu afastamento, para fins de política criminal.[48] E diferente não é no que tange a institutos de direito penal. Os crimes de perigo abstrato, *v.g.*, são, para muitos, incompatíveis com "os princípios elementares de direito penal em um Estado de Direito".[49] Incompatibilidade, entretanto, que simplesmente desaparece quando se tem, do outro lado, interesses de prevenção geral por atender.[50] E, por fim, para nos valer do que podemos chamar de um exemplo do superlativo em âmbito funcional, até mesmo o conceito de pessoa[51] e o modelo de Estado de Direito[52] passa a ser suscetível de "correção", no momento em que começa a dificultar a obtenção dos fins políticos, preestabelecidos pelo Estado.

Aliás, vale sempre salientar, em uma exacerbada compreensão funcional como a de Günther Jakobs, nada parece estar à margem

---

und den Angriffswegen auf die dadurch bestimmten Güter". In: *Aufgeklärte Kriminalpolitik oder Kampf gegen das Böse?*, vol.1, org. por Lüderssen, 1998, p. 239 ss.; HOHMANN, Olaf, *Das Rechtsgut der Umweltdelikte. Grenzen des strafrechtlichen Umweltschutzes*, Frankfurt a. M., 1991, p. 139 ss.; SCHENCK, Moritz von. *Pönalisierung der Folter in Deutschland*, Frankfurt a. M., 2008, p. 133 ss. (diss. de doutorado). E algo semelhante pode também ser surpreendido na tradição anglo-saxônica, com o "princípio de dano ao outro" (*Harm principle to others*), o qual remete aos estudos de John Stuart Mill (MILL, John Stuart, *On Liberty and other essays*, org. por John Gray, Oxford: Oxford Univ. Press, 1998, p. 5 ss.; HIRSCH, Andrew von, "Der Rechtsgutsbegriff und das 'Harm Principle'". In: *Die Rechtsgutstheorie*, org. por Hefendehl, von Hirsch e Wohlers, Baden-Baden: Nomos, 2003, p. 13 ss.; do mesmo autor, *Fairness, Verbrechen und Strafe: Strafrechtstheoretische Abhandlungen*, Berlin: Berliner Wissenschafts-Verlag, 2005, p. 69 ss.).

[48] MANTOVANI, Ferrando, "Il principio di offensività nello Schema di Delega Legislativa per un Nuovo Codice Penale", *RIDirPP*, n.2 (1997), p. 323 ss.; *Diritto Penale*. Parte generale, 4.ed., Padova: Cedam, 2001, p. 196; "Il principio di offensività tra dogmática e politica criminale". In: *Il diritto penale alla svolta di fine milenio*, org. por Stafano Canestrari, Torino: Giappichelli, 1998, p. 251. De forma mais pormenorizada, ver o nosso "O modelo de crime como ofensa ao bem jurídico. Elementos para a legitimação do direito penal secundário". In: *Direito penal secundário. Estudos sobre crimes econômicos, ambientais, informáticos e outras questões*, Fabio Roberto D'Avila e Paulo Vinícius Sporleder de Souza (Orgs.), São Paulo: Revista dos Tribunais, 2006, p. 88 ss.

[49] Ver, por exemplo, SCHRÖDER, Horst. "Die Gefährdungsdelikte im Strafrecht", *ZStW*, 81 (1969), p. 15.

[50] SCHRÖDER, Horst. "Die Gefährdungsdelikte", p. 16.

[51] Ver JAKOBS, Günther. "Das Selbstverständnis der Strafrechtswissenschaft vor den Herausforderungen der Gegenwart (Kommentar)". In: *Die Deutsche Strafrechtswissenschaft vor der Jahrtausendwende*, org. por Albin Eser, Winfried Hassemer, Björn Burkhardt, München: Beck, 2000, p. 53.

[52] Nesse sentido, paradigmática é a seguinte afirmação de Jakobs: "eu volto novamente à questão inicial: a guerra contra o terror pode ser conduzida com os meios de um direito penal do Estado de direito? Um Estado de direito que compreende tudo não poderia conduzir esta guerra, pois precisaria tratar o seu inimigo como pessoa, não lhe sendo permitido, por esta razão, considerá-lo uma fonte de perigo. Mas em um Estado de direito praticamente otimizado, isso se dá de forma diferente, trazendo-lhe a chance de não sucumbir ao ataque do seu inimigo" (JAKOBS, Günther. "Terroristen als Personen im Recht?", *ZStW*, 117 (2005), p. 851).

de considerações em termos de utilidade e conveniência.[53] Se os objetivos tidos como relevantes pelo Estado, como o paradigmático caso do combate ao terror, entram em conflito com a manutenção de direitos e garantias fundamentais, colocando em xeque o êxito na obtenção de tais fins, não se leva a sério a possibilidade de existirem limites materiais intransponíveis à sua atuação. De existirem limites tão fortes que o "fracasso diante do seu inimigo" seja inevitável, em prol da manutenção dos valores ainda mais preciosos, valores que dão legitimidade não só ao seu agir, mas à própria existência do Estado de Direito. E que, nessa medida, ao perceber que mesmo o eficientismo mais acerbado encontra barreiras axiológicas inultrapassáveis, em nada teria de fracasso, mas de êxito. Êxito que se revela na impositiva revisão ou moderação dos seus objetivos políticos. Contudo, o seu necessário sensor crítico, vale dizer, a Constituição – eis que a esta esfera crítica nenhuma medida estatal pode escapar – acaba por esboçar, em âmbito político, linhas de garantia demasiadamente débeis.

3.6. O priorizar da dimensão político-criminal como inversão da correta ordem de enfrentamento crítico dos problemas penais

Parece-nos que o priorizar da dimensão político-criminal termina por inverter a correta ordem de enfretamento dos problemas penais, suprimindo um momento prévio e fundamental de se pensar a prática penal: antes de discutirmos a bondade dos interesses político-criminais em questão, antes de perguntarmos pela adequação e utilidade político-criminal de determinadas medidas ou propostas, é preciso interrogar acerca da sua possibilidade jurídico-penal e jurídico-constitucional já como pergunta.[54]

Isso significa dizer que, em um Estado Democrático de Direito, a delimitação do espaço de legitimidade propiciado pela análise normativa deve, necessariamente, preceder a reflexão em termos de adequação e utilidade por parte da política criminal. Porquanto para se

---

[53] Para uma crítica ao "direito penal do inimigo" de Jakobs, ver, por todos, AMBOS, Kai, *El derecho penal frente a amenazas extremas*, Madrid: Ed. Dykinson, 2007, p. 79 ss.

[54] Aliás, é esse, ao nosso entender, o único caminho adequado para se construir uma dogmática penal crítica, não servil à política criminal, como quer Muñoz Conde (MUÑOZ CONDE, Francisco, "La relación entre sistema de derecho penal y política crminal: historia de una relación atormentada". *RECrim*, 27 (2007), p. 34).

perfazer como interrogação política, como pergunta de adequação e utilidade, como querer político, é ela sempre interrogação que deve se fazer, primeiramente, jurídica, como uma pergunta de possibilidade e legitimidade, como poder jurídico que se abre ao político.[55]

E, se assim é, podemos facilmente perceber que eventuais pontos de tensão entre os interesses preventivos e a guarda de direitos fundamentais deverá atender a uma lógica bastante diversa daquela percebida em teorizações funcionais. Não a lógica do bom ou ideal em termos administrativos, mas a do possível em termos de legitimidade. É dizer: não importa o peso do interesse estatal a ser buscado, seja ele a simples otimização econômico-administrativa, seja o combate ao terror. Todo e qualquer interesse só poderá ser perseguido se estiver de acordo com e nos limites da legitimidade da normatividade penal e constitucional.

Logo, para nos valermos de exemplos anteriormente referidos, só será possível questionar os benefícios político-criminais de uma derroga da exigência de ofensividade no ilícito penal secundário, se isso for normativamente legítimo. E diferente não é no que tange a crimes de perigo abstrato entendidos como mera presunção de perigo, a normas penais recepcionadas como sanções meramente pedagógicas, e, por fim, à existência da idéia de uma não-pessoa, nos quadros de um Estado que se quer plural, democrático, tolerante e constitucionalmente orientado. Questões que, se percebidas no horizonte compreensivo em que ora trabalhamos, irão encontrar respostas bastante diversas das normalmente suscitadas em ambientes funcionais. Capazes, inclusive, de exigir, quando necessário, a absoluta contenção das medidas de intervenção estatal.

4. Por uma normatividade penal crítica.
Sobre a revalorização do direito penal normativo
no seio da ciência conjunta do direito penal

Uma vez aqui chegado, acreditamos já reunir elementos suficientes para poder responder, com alguma consistência, à nossa in-

---
[55] Sobre a questão, ver o nosso "O espaço do direito penal no século XXI. Sobre os limites normativos da política criminal". *RBCCr*, n.64 (2007), p. 91 s.

terrogação inicial: Não, o enfrentamento crítico primeiro dos novos problemas penais não deve se dar na dimensão político-criminal, mas em uma dimensão normativa revista.

A ausência de orientação axiológica ou, ao menos, uma maior reticência a ela, está presente, é bem verdade, em algumas formas de pensar o direito penal normativo e marcou época no modo de inteligir do conquanto ultrapassado, ainda não superado normativismo legalista.[56] O que, aliás, não é de surpreeender, pois "na história cultural", são palavras de Castanheira Neves, "as sobrevivências são um fenômeno conhecido e há mortos que morrem devagar".[57] Porém, ainda que verdade, longe está isso de significar, e a própria história do direito penal não deixa aqui margem a dúvidas,[58] que deva ser essa ausência imperfeição inerente à ideia de normatividade.

A ciência normativa do direito penal, *rectius*, dogmática penal a que nos referimos não é, certamente, aquela restrita a um espaço silógico-conceitual. A sua reafirmação no âmbito da ciência conjunta do direito penal pressupõe uma dogmática penal revista, uma ciência normativa que, ao aproximar-se da Constituição,[59] ressurge como lugar, por excelência, de convergência de direitos e garantias

---

[56] Para uma síntese, ver CASTANHEIRA NEVES, A., "Entre o 'legislador'", p. 15 ss. e 19 ss.

[57] CASTANHEIRA NEVES, A., "Entre o 'legislador'", p. 22. Como bem observa o autor, ainda não se pode falar de uma total superação do normativismo legalista, bem como não se pode ignorar as suas tentativas de recuperação pelo liberalismo radical, pelo pensamento jurídico analítico e, em alguns pontos, pelo funcionalismo sistêmico (CASTANHEIRA NEVES, A., "Entre o 'legislador'", p. 15).

[58] O próprio sistema neoclássico, forte nas elaborações de Mezger, na Alemanha (MEZGER, Edmund, *Strafrecht*, 3ª ed., Berlin; München: Duncker e Humblot, 1949), e Eduardo Correia, em Portugal (CORREIA, Eduardo, *Direito Criminal*, vol. 1, com a colaboração de Jorge de Figueiredo Dias, Coimbra: Almedina, 1999, reimpressão), é disso razão suficiente.

[59] Perspectiva essa que, segundo Hassemer, representa algo não usual na Alemanha e que, inclusive, seria útil saber mais acerca desse silêncio (HASSEMER, Winfried. "Darf es Straftaten geben, die ein strafrechtliches Rechtsgut nicht in Mitleidenschaft ziehen?". In: *Die Rechtsgutstheorie*, org. por Hefendehl, von Hirsch e Wohlers, Baden-Baden: Nomos, 2003, p. 58 e nota 03). Muito embora, é claro, não se desconheça a existência de reconhecidas contribuições, nomeadamente LAGODNY, Otto. *Strafrecht vor den Schranken der Grundrechte*: die Ermächtigung zum strafrechtlichen Vorwurf im Lichte der Grundrechtsdogmatik dargestellt am Beispiel der Vorfeldkriminalisierung, Tübingen: J.C.B. Mohr, 1996; do mesmo autor, "Das materielle Strafrecht als Prüfstein der Verfassungsdogmatik". In: *Die Rechtsgutstheorie*, org. por Hefendehl, von Hirsch e Wohlers, Baden-Baden: Nomos, 2003, p. 83 ss.; STÄCHELIN, Gregor, *Strafgesetzgebung, passim*; APPEL, Ivo, *Verfassung und Strafe*. Zu den verfassungsrechtlichen Grenzen staatlichen Strafens, Berlin: Duncker & Humblot, 1998. Na literatura brasileira, ver, por todos, FELDENS, Luciano, *Direitos fundamentais e direito penal*, Porto Alegre: Livraria do Advogado, 2008; e, do mesmo autor, *A Constituição penal*, Porto Alegre: Livraria do Advogado, 2005.

fundamentais. Como espaço de princípios e regras que não só fazem parte dessa normatividade, como conferem os elementos da sua identidade. Princípios e regras dos quais dependem a própria existência e continuidade de um direito penal que se quer científico e democrático.

E não se diga, adiantemo-nos, que esses princípios e regras de orientação axiológica a que ora referimos são, em verdade, critérios de política criminal, e que, portanto, orientar-se por eles seria orientar-se político-criminalmente. Pensar assim traduziria a mais clara incompreensão de tudo aquilo que aqui, em essência, se expõe.

Se tomarmos a normatividade a partir da natureza de seus dispositivos, atribuindo à política criminal tudo que se revestir de critérios de valor reitores do direito penal, como o *nullum crimen sine lege*, o *nullum crimen sine culpa*, o *nullum crimen sine iniuria*, critérios gerais de exclusão da ilicitude e culpabilidade, entre outros, restaria ao direito penal normativo muito pouco da parte geral. Contudo, não nos parece que a permanência desses critérios reitores entre aquilo que deva ser considerado *ciência normativa do direito penal* possa, no atual estágio das ciências penais, ser colocada em questão. O fato é que, independentemente da sua natureza, esses critérios, ao longo da história do direito penal, se concretizaram em normas penais e constitucionais, ganhando significativamente em densidade e força. São elas, hoje, princípios e regras constituintes da ordem dogmático-penal e constitucional.[60] E não só. São, em realidade, normas que, na posição de sua irrenunciável e insubstituível *ratio* de validade, conformam o próprio núcleo reitor de todo o direito penal normativo, o eixo que une a ciência normativa do direito penal, dando-lhe forma, fundamento e sentido.[61]

Um tal modo de pensar o direito penal normativo lança, por certo, raízes mais profundas e pode ser surpreendido em diferentes dimensões da juridicidade. Movimentando-se, assumidamente,

---

[60] "Princípios" e "regras" que são aqui referidos no sentido que lhes é atribuído por ALEXY, Robert, *Theorie der Grundrechte*, Baden-Baden: Suhrkamp, 1994, p. 71 ss. e CANOTILHO, José Joaquim Gomes, *Direito Constitucional e teoria da Constituição*, 5ª ed., Coimbra: Almedina, 2002, p. 1144 s. e 1239.

[61] Não por outra razão, é impensável uma ciência penal despida de elementos axiológicos e políticos. Com razão, pois, Muñoz Conde, ao afirmar que "uma dogmática penal completamente nêutra do ponto de vista político e valorativo não pode existir" (MUÑOZ CONDE, Francisco, "La relación entre sistema de derecho penal y política criminal", p. 38).

entre os extremos do vazio formal do normativismo positivita e o exacerbado instrumentalismo, não raramente circular, de elaborações funcionalistas, encontra, por um lado, harmonia com o *jurisprudencialismo* de Castanheira Neves, em um modelo de "reafirmação ou mesmo recuperação do sentido da prática jurídica como *iurisprudentia*: *axiológico-normativa* nos fundamentos, *prático-normativa* na intencionalidade, *judicativa* no *modus* metodológico".[62] Modelo esse que, partindo da afirmação do homem-pessoa como ser comunitário e eticamente responsável, se expressa normativamente na *exigência de fundamento*, como *argumentum* de validade, aqui entendida na "manifestação de um sentido normativo (de um valor ou princípio) transindividual". E que, portanto, permitirá concluir que o direito só se tem verdadeiramente "com a instituição de uma validade e não como mero instrumento social de racionalização e satisfação de interesses ou de objectivos político-sociais". Vale dizer, na expressividade de uma única frase: "à pura racionalidade opõe-se a axiologia e à eficiência a validade".[63]

Isso, por um lado. Por outro, essa forma de pensar não deixa também de encontrar raízes em uma compreensão onto-antropológica do direito penal, propugnada por Faria Costa.[64] De forma breve: no reconhecimento de uma teia de cuidados recíprocos que estrutura o ser comunitário e cuja ressonância em âmbito normativo-dogmático resulta, em assumida oposição a elaborações funcionalistas e conseqüencialistas, no reposicionamento do ilícito (*Unrecht*) para o centro da proposição normativa e do debate penalístico acerca da validade das leis penais. Modo de inteligir que, sem rodeios, deixa a descoberto o fundamento do direito penal na "primeva relação comunicacional de raiz onto-antropológica, na relação de cuidado-de-perigo".[65]

Contudo, como acima já se insinuou, mesmo sem o aprofundar de tais teorizações, já em uma dimensão bem mais próxima, já

---

[62] CASTANHEIRA NEVES, A., "Entre o 'legislador'", p. 32.

[63] CASTANHEIRA NEVES, A., "Entre o 'legislador'", p. 32 ss.

[64] Ver FARIA COSTA, O perigo em direito penal. *Contributo para a sua fundamentação e compreensão dogmáticas*. Coimbra: Coimbra Ed., 1992, *passim*; e do mesmo autor, "Uma ponte entre o direito penal e a filosofia: lugar de encontro sobre o sentido da pena". In: Linhas de direito penal e de filosofia, Coimbra: Coimbra Ed., 2005, p. 205 ss.; e "Ilícito típico, resultado e hermenêutica. Ou o retorno à limpidez do essencial", *RPCC*, 1 (2002), p. 7 ss.

[65] Ver FARIA COSTA, *Noções fundamentais*, p. 20.

na simples e profícua aproximação das ordens normativo-penal e constitucional, é bem possível supreender e compreender as linhas gerais daquilo que aqui se pretende. E, para tanto, suficiente nos parece ser a já supra-referida experiência jurídico-penal italiana, com o reconhecimento do denominado *principio di offensività*[66] não apenas como expressão político-ideológica do Estado,[67] mas também como critério material de validade, normativamente recepcionado tanto em âmbito penal,[68] como constitucional,[69] presente, inclusive, e de forma expressa, nos movimentos de reforma legislativa, nomeadamente no *Schema di delega legislativa* da *Comissione Pagliaro* e no *Progetto preliminare* da *Comissione Grosso*.[70] Critério esse que, assim

---

[66] Ver, por último, MANES, Vittorio, *Il principio di offensività nel diritto penal. Canone di politica criminale, criterio ermeneutico, parametro di ragionevolezza*, Torino: Giappichelli, 2005. E, do mesmo autor, "Der Beitrag", p. 720 ss.

[67] Expressão político-ideológica de um Estado, nas palavras de Marinucci e Dolcini, "pluralista, laico, inspirado em valores de tolerância, no qual todo o poder estadual emana do povo soberano, que reconhece no homem o valor da dignidade e um núcleo de direitos invioláveis" (MARINUCCI, Giorgio; DOLCINI, Emilio, *Corso di Diritto Penale. Le norme penali: fonti e limiti di applicabilità. Il reato: nozione, struttura e sistematica*, vol.1, 3ª ed., Milano: Giuffrè, 2001, p. 452).

[68] Ver BRICOLA, Franco, "Teoria generale del reato". In: *Scritti di Diritto Penale*, vol.1, Dottrine generali, teoria del reato e sistema sanzionatorio, tomo 1, org. por Stefano Canestrari e Alessandro Melchionda, Milano: Giuffrè, 1997, p. 741 ss.; FIORE, Carlo, "Il principio di offensività", *Indice pen.*, (1994), p. 277; MANTOVANI, Ferrando, *Diritto Penale. Parte generale*, 4. ed., Padova: Cedam, 2001, p. 202 ss.; VASSALLI, Giuliano, "Considerazioni sul principio di offensività". In: *Scritti in memoria di Ugo Pioletti*, Milano: Giuffrè, 1982, p 657. De forma crítica, NUVOLONE, Pietro, "Recens. a G. Neppi Modona, Il rato impossibile", *Indice Pen.*, 1967, p. 47; STELLA, Federico, "La teoria del bene giuridico e i c.d. fatti inoffensivi conformi al tipo", *RIDirPP*, 1973, p. 3 ss.; PAGLIARO, Antonio, *Principi di diritto penale. Parte generale*, 7ª ed., Milano: Giuffrè, 2000, p. 415 ss.; PADOVANI, Tullio, *Diritto Penale*, 5.º ed., Milano: Giuffrè, 1999, p. 180 ss.

[69] MARINUCCI, Giorgio; DOLCINI, Emilio, "Constituição e escolha dos bens jurídicos", *RPCC*, 2 (1994), p. 151 ss.; ver ainda, dos mesmos autores, *Corso di Diritto Penale*, p. 449 ss.; e *Diritto penale. Parte generale*, Milano: Giuffrè, 2002, p. 7 s.; BRICOLA, Franco, "Teoria generale del reato", p. 772 ss.; GALLO, Marcello, "I reati de pericolo", *Foro pen.*, 1969, p. 8 s.; MANTOVANI, Ferrando, *Diritto penale*, p. 195 ss.; FIANDACA, Giovanni; MUSCO, Enzo, *Diritto penale. Parte generale*, 3. ed., Bologna: Zanichelli, 2000, p. 16 ss.; FIORELLA, Antonio, "Reato in generale". In: *Enciclopedia del diritto*, vol.XXXVIII, Milano: Giuffrè, 1987, p. 793 ss.; FIORE, Carlo, "Il principio di offensività", p. 278 s.; do mesmo autor, *Diritto Penale. Parte generale*, vol.I, Introduzione allo studio del diritto penale. La legge penale. Il reato, Torino: Utet, 1999 (ristampa), p. 288; RAMACCI, Fabrizio, *Corso di diritto penale*, 2ª ed., Torino: Giappichelli, 2001, p. 37 s.; RIZ, Roland, *Lineamenti di diritto penale. Parte generale*, 2ª ed., Padova: Cedam, 2000, p. 82 ss.; CADOPPI, Alberto; VENEZIANI, Paolo, *Elementi di diritto penale. Parte generali*, Padova: Cedam, 2002, p. 84.

[70] Ver "Schema di delega legislativa per l'emanazione di un nuovo codice penale" (Commissione Pagliaro), *Indice pen.*, 1992, p. 579 ss.; "Progetto preliminare di reforma del codice penale" (Commissione Grosso), *RIDirPP*, 2001, p. 577; PAGLIARO, Antonio, "Verso un nuovo codice penale? Itinerari – problemi – prospettive", *RIDirPP*, 1992, p. 15 ss.; do mesmo autor,

entendido, uma vez tomado nas razões que aqui se ensaiam, ganha expressivamente em força e significação, erigindo-se como limite material intransponível (e não excepcionável, sublinhe-se) às pretensões estatais de acento político-criminal, por mais consistentes e legítimas que essas possam vir a ser.

Não obstante, reafirmar a normatividade penal não significa, por outro lado, logicamente, sobrepor o direito penal normativo à política criminal, fazendo surgir um tempo de absoluta hegemonia da normatividade. Seria, mais uma vez, confundir os referidos planos. Temos para nós que o direito penal e a política criminal não são dimensões que devam guardar necessária identidade quanto a fins e fundamentos. E, não bastasse isso, seus respectivos objetos estão longe de encontrar correspondência. O espaço de atuação da política criminal é infinitamente maior do que aquele a que está adstrito o direito penal. Daí não se poder falar, em absoluto, de uma real e efetiva hegemonia no seio da ciência conjunta do direito penal.[71]

O que pretendemos com a proposta de valorização da normatividade é muito mais uma idéia de *preferência* ou de *prevalência* do direito penal, tão só quando confrontado com interesses de política criminal – e portanto não, nos termos já aclarados, como ciência hegemônica no âmbito da "ciência conjunta do direito penal" (*die gesamte Strafrechtswissenschaft*). Em outras palavras, quando se tratar da utilização do direito penal pela política criminal – haja vista, reitere-se, que entre essas disciplinas não há perfeita coincidência de objetos –, o espaço de atuação da política criminal deve ser sempre o espaço de atuação legítima previamente estabelecido pela normatividade penal e constitucional: *ao direito penal constitucionalmente orientado compete estabelecer o quadro de legitimidade no qual se movimentará uma posterior crítica de cunho político-criminal.*

"Lo schema di legge delega per la riforma: metodo di lavoro e principi ispiratori", *Prospettive di riforma del codice penale e valore costituzionale*, Milano: Giuffrè, 1996, p. 40; ANGIONI, Francesco, "Il principio di offensività". In: *Prospettive di riforma del codice penale e valori costituzionali*, Milano: Giuffrè, 1996, p. 113; PALAZZO, Francesco, "Meriti e limiti dell'offensività come principio di ricodificazione". In: *Prospettive di riforma del codice penale e valori costituzionali*, Milano: Giuffrè, 1996, p. 76 ss.

[71] Também assim Faria Costa, para quem não é possível atribuir primazia no âmbito da *Gesamtstrafrechtswissenschaft*: "na justa medida em que nela participam três "corpos" – o direito penal, a política criminal e a criminologia – com a sua autonomia científica e princípios próprios, cujos planos de valoração se inserem em patamares distintos (FARIA COSTA, José de. *Noções fundamentais*, p. 80).

Uma forma de pensar que, como já facilmente se percebe, em termos práticos, se movimentará de forma crítica não apenas no espaço de criação e reforma das leis penais (*jure condendo*), mas, e principalmente, no espaço hermenêutico-aplicativo (*jure condito*), em que o magistrado surge como elemento fundamental no reconhecimento e concretização desses direitos. Indispensável mediação judicativa que, como bem nos fala Castanheira Neves, torna possível a realização da "validade dogmaticamente determinada" diante da "concreta problematização praxística nos casos decidendos".[72]

E, nesse preciso horizonte, as coisas do direito penal encontram uma outra acomodação. Temos aqui, de um lado, um claro reposicionamento do centro propositivo da crítica científica para o âmbito da normatividade penal e constitucional, do qual decorre, de imediato, um significativo fortalecimento da crítica acadêmica.[73] De outro, a revalorização da ciência normativa do direito penal no âmbito da "ciência conjunta do direito penal". Mas de uma ciência normativa revista que se afasta de compreensões formalistas, marcadas pelo priorizar da forma em detrimento do conteúdo,[74] e se encontra em uma normatividade penal constitucionalmente orientada, atenta a elementos de legitimidade formal e material, e cujo conhecimento – na feliz expressão de Duttge – deva servir à vida.[75]

---

[72] CASTANHEIRA NEVES, A., "Entre o 'legislador'", p. 37.

[73] O que, em certa medida, atenderia a correta crítica incial de Hassemer (HASSEMER, Winfried, "Das Selbstverständnis", p. 41).

[74] Compreensão que nos afasta, dicotomicamente, de elaborações formalistas, como é, dentre outras, a proposta de Lesch, em que ilícito identifica-se, sem mais, com a mera violação de dever (LESCH, Haiko, *Der Verbrechensbegriff*. Grundlinien einer funktionalen Revision, München: Carl Heymanns, 1999, p. 204; para uma análise crítica da obra de Lesch, ver SILVA DIAS, Augusto, "O retorno ao sincretismo dogmático: Uma recensão a Heiko Lesch, der Verbrechensbegriff – Grundlinien einer funktionalen Revision, Ed. Carl Heymanns, Köln-München, 1999", *RPCC*, 11 (2001), p. 323 ss.), ou mesmo a de Koriath, a qual propõe, ao tratar da dicotomia entre ilicitude formal e ilicitude material, que "do mesmo modo como o geómetra deve investigar não o material da sua figura, mas apenas a sua forma, deve o jurista colocar, em primeiro plano, o estudo das relações formais" (KORIATH, Heinz, *Grundlagen strafrechtlicher Zurechnung*, Berlin: Duncker & Humblot, 1994, p. 312).

[75] Como bem salienta Duttge, em crítica à dogmática tradicional no âmbito dos crimes culposos, se queremos um direito penal que sirva à vida, não podemos nos satisfazer com construções puramente normativistas, com simples cascas conceituais (DUTTGE, Gunnar. "Ein neuer Begriff der strafrechtlichen Fahrlässigkeit. Erwiderung auf Rolf D. Herzberg GA 2001, 568 ff.", *GA*, 2003, p. 462).

II – Filosofia e direito penal. Sobre o contributo crítico de um direito penal de base onto-antropológica*

1. O espaço do inimigo no direito penal contemporâneo. Breves linhas sobre o "direito penal do inimigo" (*Feindstrafrecht*) de Günther Jakobs

Conforme nos informa Prittwitz, a primeira vez que Jakobs tratou do tema "direito penal do inimigo" foi de forma crítica, em 1985, durante uma conferência em Frankfurt am Main. Em dezembro de 1999, entretanto, na chamada Conferência do Milênio em Berlim,[76] Jakobs voltou a falar sobre o assunto, só que, desta vez, não mais para censurá-lo, e sim na defesa veemente de um direito penal parcial: aquele que se comporta como inimigo deve ser tratado como inimigo, como "não-pessoa" (*Unperson*).[77] O que significa dizer que ele, o inimigo, deve ser considerado uma mera fonte de perigo e, como tal, tratado, permitindo-se a sua punição antecipada, a restrição da sua liberdade de agir e, em parte, de pensar, para além da supressão de garantias processuais fundamentais.[78] Propugna, em outras palavras, e em tom aqui assumidamente irônico, a admissão de dois

---

* Título original: Sobre o espaço do inimigo e os limites materiais do direito penal contemporâneo. Ou reflexões sobre o contributo crítico de um direito penal de base onto-antropológica.

[76] JAKOBS, Günther. Das Selbstverständnis der Strafrechtswissenschaft vor den Herausforderungen der Gegenwart (Kommentar). In: *Die Deutsche Strafrechtswissenschaft vor der Jahrtausendwende*, org. por Albin Eser, Winfried Hassemer, Björn Burkhardt, München: Beck, 2000, p. 47 ss.

[77] JAKOBS, Günther. *Ob. cit.*, [n.1], p. 53.

[78] PRITTWITZ, Cornelius. O direito penal entre direito penal do risco e direito penal do inimigo. Tendências atuais em direito penal e política criminal. *RBCCr*. 47 (2004), p. 41 s. Também,

direitos penais.[79] Um aos infratores "amigos" – a expressão utilizada por Jakobs não é, evidentemente, esta, mas "direito penal do cidadão" (*Bürgerstrafrecht*) –, aos quais será aplicado um direito penal atento aos direitos e garantias fundamentais, e outro, aos infratores "inimigos", àqueles que sequer devem ser considerados pessoas, e que, por isso, basta a aplicação de um instrumento jurídico arbitrário de segregação que, revestido da forma de um direito penal de segunda categoria, pretende assumir um curioso colorido de legitimidade.

Muito embora alguns levantem a questão de se tratar de uma tese afirmativa ou meramente descritiva da crítica situação do direito penal contemporâneo,[80] Jakobs, em um recente escrito publicado na *ZStW* (*Zeitschrift für die gesamte Strafrechtswissenschaft*), deixa muito clara a sua compreensão. Para ele, a única forma de "salvar" o "direito penal do cidadão" com todas as suas garantias, impedindo a sua contaminação por medidas de um direito de exceção que, na verdade, estariam orientadas ao inimigo, é reconhecendo o *Feindstrafrecht* (direito penal do inimigo). De forma categórica, desenvolve, pois, Jakobs, o último parágrafo do referido artigo: *"Eu volto novamente à questão inicial: a guerra contra o terror pode ser conduzida com os meios de um direito penal do Estado de direito? Um Estado de direito que compreende a tudo não poderia conduzir esta guerra, pois precisaria tratar o seu inimigo como pessoa, não lhe sendo permitido, por esta razão, considerá-lo uma fonte de perigo. Mas em um Estado de direito praticamente otimizado, isso se dá de forma diferente, trazendo-lhe a chance de não sucumbir ao ataque do seu inimigo".*[81]

JAKOBS, Günther; CANCIO MELIÁ, Manuel. *Derecho penal del enemigo*. Madrid: Civitas, 2003, *passim*.

[79] Sempre é bom lembrar que a divisão do direito penal em dois – um dotado de garantias processuais e materiais e outro no qual essas garantias são reduzidas ou suprimidas – está longe de ser algo novo. Durante o período nacional-socialista, por exemplo, já propunha o penalista Edmund Mezger dois "direitos penais": um direito penal para a generalidade das pessoas, no qual se manteriam os tradicionais princípios jurídico-penais, e um direito penal "especial" para certos grupos de pessoas, como, *v.g.*, os delinqüentes contumazes. Neste direito penal especial seria possível, dentre outras coisas, reclusão por tempo indeterminado em campos de concentração e, quando se possa supor uma herança indesejada para a comunidade, a esterilização de presos (ver MUÑOZ CONDE, Francisco. O nuevo Derecho penal autoritario. In: *El Derecho ante la globalización y el terrorismo*, org. por Mario Losano e Muñoz Conde. Valencia: Tirant lo Blanch, 2004, p. 171 s.).

[80] CANCIO MELIÁ, Manuel. Feind "strafrecht"? *ZStW*. 117 (2005), p. 279.

[81] JAKOBS, Günther. Terroristen als Personen im Recht. *ZStW*. 117 (2006), p. 851.

Uma proposta nestes termos – i,e., que, após os já seculares esforços para reconhecimento e sedimentação de direitos e garantias fundamentais inerentes à condição humana, e da sua ressonância fundamentadora no atual estado de desenvolvimento das ciências jurídico-penais, busca (re)estabelecer um já conhecido modelo de direito penal do agente, direcionado à punição de atos meramente preparatórios, no qual o objetivo da pena é tão só inocuizar uma "inaceitável" fonte de perigo, e no qual o processo se assume como instrumento de facilitação na obtenção de fins político-criminais acentuadamente demagógicos, como é o caso, *v.g.*, da denominada "guerra contra o terrorismo" – deveria, de imediato, ser jogada no espaço crítico da indiferença e do absurdo, no espaço das idéias surreais às quais não é concedida qualquer pretensão de concretude. Contudo não é isso que se observa. Aos elementos teóricos que visam justificar um uso segregacionista do direito penal, soma-se o pragmatismo da política-criminal pós-11 de setembro que, principalmente nos Estados Unidos, mas não só, sob o pretexto da luta contra o terror, sob a alegação de zelar pela democracia, pelos direitos e pela liberdade, subverte o princípio democrático e viola manifestamente esses mesmos direitos e essa mesma liberdade.

Nunca é demais lembrar que, após o atentado de 11 de setembro, como bem observa Paul Chevigny,[82] Professor de direito penal da Universidade de New York, foi posta em prática no USA uma intensa política de repressão. Através do chamado USA Patriot Act, aprovado após o 11 de setembro, mas também de leis já existentes no período Clinton, que, todavia, não eram aplicadas em razão da grande incidência sobre os direitos humanos, foram implementadas fortes medidas de vigilância política e invasão de privacidade – como, *v.g.*, interceptações telefônicas, controle da retirada de livros de bibliotecas públicas, prisão e interrogatório de ativistas políticos –, interferência no trabalho de advogados, centenas de prisões por razões de etnia árabe ou conexão com pessoas de origem árabe, proibição para os presos de comunicarem a prisão à família, além de, e principalmente, a utilização da curiosa figura do Combatente Inimigo, pela qual não são reconhecidos nem os direitos civis mais elementares, como o direito a *habeas corpus*, nem os direitos de um prisioneiro de guerra, condição esta que, como se percebe, coloca o

---

[82] Ver CHEVIGNY, Paul. Repressão nos Estados Unidos após o ataque de 11 de setembro. *RBCCr.* 47 (2004), p. 386 ss.; também, PRITTWITZ, Cornelius. *Ob. cit.*, [n.3], p. 45.

sujeito inteiramente à mercê do Executivo. E, tudo isso, reitere-se, sob o pretexto do necessário combate ao inimigo. Eis, pois, da teoria à prática: o inimigo.

É certo, e isto não se quer negar, que o resgate da vida humana como um todo (*zoé* e *bíos*) é ainda hoje uma promessa não cumprida da democracia.[83] A vida, que em grego assume a forma de *zoé*, isto é, a vida nua, a *"vida matável e insacrificável do homo sacer"*,[84] e a forma de *bíos*, entendida como uma espécie de vida qualificada pelo contato, entre outras coisas, com o político, nem sempre foi tomada ou, ao menos, percebida em ambas as suas dimensões. *Zoé* e *bíos*, vida nua e existência política, exclusão e inclusão são, nas palavras de Agamben, a *"dupla categorial fundamental da política ocidental"*, e não as categorias amigo-inimigo. E é justamente pelas categorias *zoé* e *bíos*, que temos presenciado e podemos melhor compreender a histórica incapacidade da democracia em resgatar e assegurar a vida humana em sua plenitude.[85] O que, todavia, é muito diferente de darmos guarida ou sequer admitirmos a sua manutenção, a manutenção de uma vida desqualificada, de uma vida nua, em um Estado que ambiciona ser um Estado democrático e social de Direito.

Perceber as mazelas de um Estado e de um ordenamento jurídico que historicamente permite o tratamento seletivo de seus cidadãos, em uma contínua e perversa sedimentação de lugares de exclusão, não significa pactuar com uma tal realidade e, muito menos, pactuar de tal forma que, de alguns, se possa admitir juridicamente, sublinhe-se juridicamente, a retirada do que lhe há de mais próprio em uma democracia, a sua condição de pessoa. Ora,

---

[83] Ver AGAMBEN, Giorgio. *Homo Sacer. O poder soberano e a vida nua I*. Tradução de Henrique Burigo. Belo Horizonte: UFMG, 2002, *passim*.

[84] O *homo sacer*, esta enigmática e contraditória figura do direito romano, refere-se àquele que, em sua sacralidade, qualquer um poderia matar sem qualquer punição, mas que, em contrapartida, não poderia ser morto nas formas sancionadas pelo rito (AGAMBEN, Giorgio. *Ob. cit.*, [n.8], p. 79 ss.), o que salienta, de forma clara, a ambivalência do sacro, fasto e nefasto, santo e maldito, e uma dupla exclusão, tanto do *ius humanum* (impunidade do homicídio), quanto do *ius divinum* (exclusão do sacrifício). Por um lado, qualquer um poderia matá-lo e permanecer impune, alegando simplesmente a sacralidade da vítima. Por outro, a morte ritual como ocorria na *pena cullei* – pena em que condenado, com a cabeça coberta por uma pele de lobo, era colocado dentro de um saco com uma serpente, um galo e um cachorro, e jogado dentro d'água – era-lhe totalmente proibida (AGAMBEN, Giorgio. *Ob. cit.*, [n.8], p. 89 ss.).

[85] AGAMBEN, Giorgio. *Ob. cit.*, [n.8], p. 16 s.

não é crível que, como bem afirma Prittwitz,[86] expressões como "não-pessoa" continuem a ser utilizadas após 1945, ou que, na lúcida observação de Albrecht, a noção de dignidade humana, enquanto bem universal da civilização,[87] possa ser hoje tão facilmente cindida, na forma de uma seletiva exclusão, de modo simplesmente a permitir a obtenção de fins políticos-criminais estabelecidos pelo Estado. O que nos remete, se bem vemos, a um direito penal em que o pensamento que calcula, lançado sobre uma compreensão radicalmente funcionalista, exacerba-se de forma insuportável. A um direito penal em que a contínua inadaptação às regras sociais, a total inutilidade e improdutividade podem gerar não só o absoluto desinteresse social por certas "classes" ou "tipos" de homens, mas, sob esta ótica, uma verdadeiramente insuportável convivência social, na qual a segregação absoluta que a condição de "não-pessoa" confere, parece ser sempre uma "boa" alternativa. Por isso, e por tantas outras razões que, pela brevidade deste ensaio não podem ser aqui consideradas, o retorno ao pensamento que medita torna-se uma tarefa hoje verdadeiramente indeclinável. Um caminho alternativo que nos leva à interrogação primeira, a interrogação sobre o sentido do ser e sobre o sentido das coisas.

2. O "Cuidado" (*die Sorge*) como fundamento. Reflexões sobre a relação matricial onto-antropológica de cuidado-de-perigo de Faria Costa e sua ressonância no ilícito penal

Como já se teve a oportunidade de observar em outras ocasiões, existem duas formas de pensar o direito penal. Ou se parte das conseqüências da norma penal, da *pena*, ou se parte do objeto da norma, do *ilícito*.[88] Em uma leitura conseqüencial, partindo-se da

---

[86] PRITTWITZ, Cornelius. *Ob. cit.*, [n.3], p. 43.

[87] ALBRECHT, Peter-Alexis. Krieg gegen den Terror. Konsequenzen für ein rechtsstaatliches Strafrecht. *ZStW*. 117 (2006), p. 852 ss.

[88] FARIA COSTA, José de. Ilícito típico, resultado e hermenêutica. Ou o retorno à limpidez do essencial. In: *Seminário internacional de Direito Penal*, Universidade Lusíada, Lisboa: Universidade Lusíada, março de 2000, p. 7; LAMPE, Ernst Joachim. Sobre la estructura ontológica del injusto punible. *REcrim*, 16 (2004), p. 31.

pena criminal, encontramos as orientações funcionalistas, cuja mais forte expressão pode ser surpreendida no trabalho de Günther Jakobs[89] – em que o direito penal é pensado a partir da manutenção das expectativas normativas juridicamente fundadas e no qual não há sequer espaço para a noção de bem jurídico-penal ou, mas especificamente, o que é o mesmo, o bem se torna a própria norma jurídica. E, em contrapartida, tomando o direito penal sob a perspectiva do ilícito (*Unrecht*), chegaremos às elaborações de base ontológica, entre as quais a fundamentação onto-antropológica de cuidado-de-perigo de Faria Costa,[90] aqui objeto da nossa atenção.

Esta orientação de base onto-antropológica, sob uma perspectiva dogmática, traduz uma concepção de ilícito penal estabelecida fundamentalmente na ofensa a interesses objetivos, no desvalor que expressa a lesão ou pôr-em-perigo a bens juridicamente protegidos e, portanto, em clara oposição à simples violação subjetiva do dever e às mais variadas acepções do denominado *Willensstrafrecht* (direito penal da vontade). Ilicitude que, ao carregar o conteúdo de desvalor da infração – expressão de contrariedade não só à intencionalidade jurídico-normativa, mas à própria função do direito penal e, por isso, também fator de legitimação da intervenção do Estado – aproxima-se necessariamente do *Tatbestand*, tornando-o, para além de uma simples descrição formal da conduta criminosa, como, uma vez, propôs Beling, verdadeiro portador do juízo de desvalor que a ilicitude exprime. A este ilícito-típico, aqui entendido como categoria dogmática materialmente informada por um juízo de ilicitude centrado na *ofensa a bens jurídicos*, não basta, pois, o mero preenchimento dos requisitos formais da tipicidade. É também indispensável o atendimento de seus requisitos substanciais de legitimidade, dos requisitos atinentes à *ofensividade*.[91]

Mas não só. Esta compreensão do direito penal pretende também corresponder à ressonância, em âmbito normativo-dogmático, do modo mais íntimo de ser do homem em comunidade. Busca encontrar suas raízes em uma dimensão mais profunda, em uma re-

---

[89] JAKOBS, Günther. *Strafrecht. Allgemeiner Teil. Die Grundlagen und die Zurechnungslehre*. 2ª ed., Berlin: de Gruyter, 1993.

[90] FARIA COSTA, José de. *O perigo em direito penal. Contributo para a sua fundamentação e compreensão dogmáticas*. Coimbra: Coimbra Ed., 1992, passim.

[91] D'AVILA, Fabio Roberto. *Ofensividade e Crimes Omissivos Próprios. Contributo à compreensão do crime como ofensa a bens jurídicos*. Stvdia Ivridica n.85. Coimbra: Coimbra Ed., 2005, p. 40 s.

lação onto-antropológica de cuidado-de-perigo, o que nos remete, mesmo que de forma demasiadamente breve, a alguns elementos da Filosofia, em especial à *Sorge* de Heidegger, e à sua forma de percepção, interessada percepção, pelo espaço de discursividade jurídico-penal.

Não há dúvida que o problema do ser nunca será determinado objetivamente, mas, como bem observa Stein, pode ser vigiado em sua manifestação inesgotável.[92] E é, por isso, sem qualquer pretensão de aprofundamento ou adensamento filosófico, mas nos estritos limites de uma vigia que, iluminada pelo pensamento que reflete, tem como objetivo, única e exclusivamente, realçar-lhe os traços de maior relevo, que se avança as linhas que seguem. Vale-se aqui, portanto, reitere-se, de uma leitura assumidamente interessada do homem como ser-no-mundo, em uma ontologia social informada pela elaboração heideggeriana.

Uma fundamentação do direito penal a partir da relação matricial onto-antropológica de cuidado-de-perigo, dizíamos, interroga sobre o sentido do ser e a sua relação com o cuidado. Mas em que consistiria, afinal, essa relação, a relação do ser do homem com o cuidado originário (*die Sorge*)?

Em uma passagem do "Ser e Tempo", Heidegger trata o cuidado a partir de uma antiga Fábula de Higino, registrada como a de número 220: "*Quando um dia o Cuidado atravessou um rio, viu ele terra em forma de barro: meditando, tomou uma parte dela e começou a dar-lhe forma. Enquanto medita sobre o que havia criado, aproxima-se Júpiter. O Cuidado lhe pede que dê espírito a esta figura esculpida com barro. Isto Júpiter lhe concede com prazer. Quando, no entanto, o Cuidado quis dar o seu nome à sua figura, Júpiter o proibiu e exigiu que lhe fosse dado o seu nome. Enquanto Cuidado e Júpiter discutiam sobre os nomes, levantou-se também a Terra e desejou que à figura fosse dado o seu nome, já que ela lhe tinha oferecido uma parte do seu corpo. Os conflitantes tomaram Saturno para juiz. Saturno pronunciou-lhes a seguinte sentença, aparentemente justa: Tu, Júpiter, porque deste o espírito, receberás na sua morte o espírito; tu, Terra, porque lhe presenteaste o corpo, receberás o corpo. Mas porque o Cuidado por primeiro formou esta criatura, irá o Cuidado possuí-la enquanto*

---

[92] STEIN, Ernildo. *Uma breve introdução à filosofia*. Ijuí: Editora Unijuí, 2002, p. 22.

ela viver. Como, porém, há discordância sobre o nome, irá chamar-se homo já que é feita de humus".[93]

Esta surpreendente alegoria que tanto diz sobre a analítica existencial de Heidegger tem particularidades que merecem a nossa total atenção. O Cuidado foi o primeiro a formar o homem, tornando-se assim a origem do ser do homem. É nas mãos e pelas mãos do Cuidado que o homem alcança o ser-homem, de modo que, por justiça, em uma irremediável vinculação à origem primeira, o Cuidado irá possuí-lo enquanto ele viver. Ou, ainda, nas palavras de Heidegger, *"o ente não é desligado desta origem, mas é preso por ela, é por ela perpassado enquanto este ente "está no mundo". O "estar-no-mundo" possui a marca ontológica do Cuidado".*[94] Não está, pois, na matéria que constitui o ser, aqui representada pelo *humus* que lhe confere o nome, mas no ser do ser-aí, o contributo do Cuidado e também aquilo que lhe competirá no homem durante o seu viver. Decisão que, não por acaso, é proferida por Saturno. É Saturno, o tempo, quem é chamado para pronunciar-se sobre o litígio e é ele quem impõe ao ser, durante toda a sua vida, a vinculação originária, a vinculação ao Cuidado. É pois, no chamamento da historicidade, aqui tão bem caracterizada, que o ser do ser-aí estará irremediavelmente preso, como ser-para-a-morte.

O homem é cuidado.[95] Esta forte assertiva, resultado da analítica existencial de Heidegger, uma vez tomada sob o olhar interessado do direito penal, assume uma tal riqueza de desdobramentos que, por certo, não podem encontrar aqui atenção.[96] Importa, isto sim, algumas de suas linhas matrizes.

O cuidado heideggeriano é, por tudo o que temos visto, uma categoria evidentemente existencial. Isso, todavia, não impede que possamos percebê-la como elemento essencial do existir, para, no seguimento de Faria Costa, buscar a sua dimensão relacional que apenas na pessoa do outro, na relação que a partir do outro se torna possível, ganha sentido.[97] Ser-se é, assim, cuidar-se, mas é tam-

---

[93] HEIDEGGER, Martin. *Sein und Zeit*. 18. ed., Tübingen: Max Niemayer, 2001, § 42, p. 198. Observamos, porém, que a tradução da qual nos valemos no texto é de STEIN, Ernildo. *Seis estudos sobre "Ser e Tempo" (Martin Heidegger)*. Petrópolis: Vozes, 1988, p. 87 s.
[94] HEIDEGGER, Martin. *Ob. cit.*, [n.18], p. 198.
[95] Ver STEIN, Ernildo. *Ob. cit.*, [n.18], p. 99.
[96] Para tanto, remetemos o leitor ao trabalho de FARIA COSTA. José de. *Ob. cit.*, [n.15], *passim*.
[97] FARIA COSTA, José de. *Ob. cit.*, [n.15], p. 250, nota 87.

bém ser-se-com e, portanto, nessa abertura do ser para com o outro, cuidar-se é cuidar também do outro, como expressão elementar do ser-no-mundo que, sendo, projeta-se, em sua fragilidade, no outro, e cuidando-se, no cuidado-para-com-o-outro. A ação de ser-se-no-mundo, que é sempre uma ação de ser-se-com, atira o ser-aí em uma teia de relações recíprocas de cuidado que estruturam e dão consistência ao ser comunitário. O cuidado individual, o cuidado do eu para consigo mesmo, bem afirma Faria Costa, só alcança *"sentido se se abrir aos cuidados para com os outros, porque também unicamente deste jeito, unicamente nesta reciprocidade, encontra-se a segurança, a ausência de cuidado, a carência de perigo"*, em uma comunidade de homens que, a todas luzes, se constrói no seio de perigos.[98]

O perigo e o cuidado são, nesta perspectiva, nada mais que dimensões da mesma realidade. É no perigo e pelo perigo que o cuidado encontra a sua razão de ser, sendo, por isso, o cuidado, sempre cuidado-de-perigo.[99] E é nesta indissociável unidade que o cuidado-de-perigo se assume como matriz ontológica do ser-aí-diferente comunitariamente inserido. Matriz ontológica que, através de sua ressonância jurídico-normativa, permite encontrar o próprio fundamento ontológico do direito penal. *"O ser-aí-diferente e a comunidade jurídica que lhe subjaz assumem-se (são) como estruturas ontológicas de cuidado-de-perigo"*.[100]

Esta relação ontológica de cuidado-de-perigo que atira o eu para fora de si mesmo, para o encontro com o outro, no qual e pelo qual o ser-no-mundo se desvela e se conhece, confere existência, como dizíamos, a uma teia de cuidados recíprocos que estrutura o ser comunitário. E é justamente na prejudicial oscilação dessa teia de cuidados e, portanto, na prejudicial oscilação da relação matricial onto-antropológica de cuidado-de-perigo que o direito penal, através dos signos que lhe são próprios, irá buscar os elementos informadores de seu núcleo fundamental, o ilícito. O ilícito, em tal horizonte compreensivo, nada mais é que a expressão jurídico-penal da desvaliosa oscilação da tensão originária da relação onto-antropológica de cuidado-de-perigo. Não obviamente qualquer oscilação,

---
[98] FARIA COSTA, José de. *Ob. cit.*, [n.15], p. 319.
[99] FARIA COSTA, José de. *Ob. cit.*, [n.15], p. 327.
[100] FARIA COSTA, José de. *Ob. cit.*, [n.15], p. 327.

mas apenas aquela que, aos olhos da comunidade historicamente situada, é tida por insuportável.

O direito penal enquanto ponto forte de convergência dos princípios da segurança e da culpa[101] é a expressão fragmentária da *ordem de valores* que a *objetivação do cuidado* faz emergir – eis que todo o cuidar reclama a definição daquilo que se cuida –, e cuja insuportável violação é denunciada pelo ilícito.[102] A ofensividade, a *ofensa a bens jurídico-penais*, surge neste contexto como forma jurídico-normativa de percepção do atingimento, intolerável atingimento, reitere-se, da relação matricial de cuidado-de-perigo. Uma abertura que, em face das categorias jurídico-penais bem jurídico e ofensa, só pode se dar de forma evidentemente indireta, mas que, nem por isso, deixa de possibilitar a constante informação do ilícito, necessária e fecunda informação, pela sua matriz ontológica.

3. O ilícito como ofensa a bens jurídico-penais

Chegado até aqui, e uma vez traçadas as linhas fundamentais que acreditamos ser possível surpreender entre uma concepção de crime estabelecida na ofensa a bens jurídico-penais e uma dimensão mais profunda do ser comunitário – o que aqui se faz de forma assumidamente breve e sintética, daí correndo os riscos de toda simplificação –, é preciso avançar para o adensamento jurídico-dogmático do modelo de crime como ofensa a bens jurídicos.

Uma tal concepção onto-antropológica do direito penal, percebida e recepcionada juridicamente através do *modelo de crime como ofensa a bens jurídico-penais*, não só, vale reiterar, atribui ao ilícito uma *posição privilegiada* na estrutura dogmática do crime, eis que portador, por excelência, do juízo de desvalor da infração enquanto elemento capaz de traduzir para além da intencionalidade normativa, também a própria função do direito penal,[103] como propõe a noção

---

[101] Sobre o princípio da segurança e o princípio da culpa no direito penal, ver FARIA COSTA. José de. *Ob. cit.*, [n.15], p. 248 ss.

[102] FARIA COSTA, José de. *Ob. cit.*, [n.15], p. 251.

[103] Neste particular, ver FIGUEIREDO DIAS, Jorge de. *Temas básicos da doutrina penal. Sobre os fundamentos da doutrina penal. Sobre a doutrina geral do crime.* Coimbra: Coimbra Editora, 2001, p. 223 e 220 ss. E, sobre a relação da tipicidade com a ilicitude, ver, ainda, CORREIA, Eduardo.

de *ofensa a bens jurídicos*, a noção de *resultado jurídico* como a pedra angular do ilícito-típico.[104] De forma sintética: *não há crime (legítimo) sem ofensa a um bem jurídico-penal*.[105] Proposição que pretende, para além de expressar um inequívoco ideário político-ideológico, assumir-se como formulação principalmente constitucional.

Ela corresponde, em um primeiro momento, a uma compreensão político-ideológica estabelecida nos ideais de um Estado laico, liberal, tolerante, pluralista e multicultural, comprometido com a dignidade humana e com o reconhecimento de direitos fundamentais,[106] em clara e assumida oposição a Modelos de Estados autoritários, erigidos na persecução de objetivos éticos, na punição de inclinações anti-sociais e na mera infração ao dever. Afinal, como a própria história demonstra, não só a compreensão do ilícito sempre disse muito sobre o modelo de Estado em que é implementada, como o Modelo de Estado sobre a acepção de ilicitude que recepciona.

Nunca é demais lembrar, o que aqui se faz meramente a título de ilustração, que em um ponto diametralmente oposto ao modelo que ora se propõe está justamente a concepção de crime defendida durante o nacional-socialismo. Neste período, o ordenamento jurídico-penal alemão erige-se sobre a noção de violação do dever e da obediência ao Estado. Não mais o bem jurídico é a pedra angular do fenômeno delitivo, mas a *"violação do vínculo ético"*.[107] A sociedade representada no Estado substitui o espaço antes ocupado pelo homem, e o centro do direito penal é ocupado por conceitos como fidelidade e obediência.[108] E, neste abandono do particular em prol

---

Direito Criminal. Vol.1, com a colaboração de Jorge de Figueiredo Dias (reimpressão). Coimbra: Almedina, 1999, p. 281; MEZGER, Edmund. *Strafrecht*. 3.ed., Berlin; München: Duncker e Humblot, 1949, p. 197.

[104] D'AVILA, Fabio Roberto. *Ob. cit.*, [n.16], p. 40 ss.

[105] D'AVILA, Fabio Roberto. *Ob. cit.*, [n.16], p. 46. Sobre o princípio da ofensividade na doutrina italiana, seu espaço de maior expressão, conferir os trabalhos de MANTOVANI, Ferrando. *Diritto penale. Parte generale*. 4. ed., Padova: Cedam, 2001; do mesmo autor, Il principio di offensività tra dogmatica e politica criminale. In: *Il Diritto Penale alla Svolta di Fine Millenio*, org. por Stefano Canestrari, Torino: Giappichelli, 1998; MARINUCCI, Giorgio; DOLCINI, Emilio, *Corso di Diritto Penale. Le norme penali: fonti e limiti di applicabilità. Il reato: nozione, struttura e sistematica*. Vol.1, 3ª ed., Milano: Giuffrè, 2001.

[106] MARINUCCI, Giorgio; DOLCINI, Emilio. *Ob. cit.*, [n.30], p. 449 ss. e, principalmente, 452.

[107] MARINUCCI, Giorgio; DOLCINI, Emilio. *Ob. cit.*, [n.30], p. 438.

[108] Ver MARINUCCI, Giorgio; DOLCINI, Emilio. *Ob. cit.*, [n.30], p. 438; BRICOLA, Franco, Teoria generale del reato. In: *Scritti di Diritto Penale. Dottrine generali, teoria del reato e sistema sanzionatorio*. Vol. 1. Tomo 1, org. por Stefano Canestrari e Alessandro Melchionda, Milano:

da coletividade, a noção de liberdade individual transmuta-se em deveres morais para com a comunidade.[109] Daí não causar espanto algum que, contextualizada em um ordenamento jurídico destacadamente ético, a concepção de crime alcance um altíssimo grau de subjetivação e a mais apropriada expressão na violação do dever.[110]

Com base em estudos levados a cabo pela denominada Escola de Kiel – fundada por Friedrich Schaffstein e Georg Dahm –, o crime afasta-se totalmente de seus elementos objetivos, assumindo uma feição subjetiva de tal forma exacerbada, que a vontade culpável, antes mero critério da responsabilidade penal a ser apurado a partir de uma ofensa ao bem jurídico, torna-se o objeto e o fundamento dessa mesma responsabilidade.[111] É suficiente para a existência de um crime, *"qualquer manifestação ou sintoma de uma vontade delituosa"*.[112] A censura jurídico-penal antes estabelecida no *fato*, encontra guarida na própria figura do autor, na manifestação da sua vontade em delinqüir. O direito penal torna-se, nestes termos, em contraste com o *Erfolgsstrafrecht* (direito penal do resultado), um intenso *Willensstrafrecht* (direito penal da vontade).

Mas, como dizíamos, o modelo de crime como ofensa a bens jurídicos não se restringe a uma compreensão político-ideológica, o que, se assim fosse, não lhe permitiria aspirar à posição de elemento eficaz de garantia, na conformação e delimitação do direito penal contemporâneo. Consiste, na verdade, em uma exigência material do ilícito que se refrata principalmente em âmbito constitucional, e que, a partir de uma tal refração, projeta-se como índice crítico de legitimidade tanto no plano de *jure condendo*, orientando e limitando a produção legislativa em matéria penal, quanto no plano de *jure condito*, reivindicando uma interpretação da norma, de acordo com as exigências de ofensividade.

Giuffrè, 1997, p. 608 ss.; GÜNTHER, Klaus. Von der Rechts- zur Pflichtverletzung. Ein "Paradigmawechsel" im Strafrecht? In: *Vom unmögliche Zustand des Strafrechts*, Frankfurt am Main: Peter Lang, 1995, p. 452 s.

[109] GÜNTHER, Klaus. Ob. cit., [n.33], p. 456; CADOPPI, Alberto. *Il reato omissivo proprio. Profili introduttivi e politico criminale*. Vol.1, Padova: Cedam, 1988, p. 218 s.

[110] Ver SCHAFFSTEIN, Friedrich. Die unechten Unterlassungsdelikte im System des neuen Strafrechts. In: *Gegenwartsfragen der Strafrechtswissenschaft, Gleispach FS*, Berlin und Leipzig: de Gruyter, 1936, p. 84.

[111] MARINUCCI, Giorgio; DOLCINI, Emilio. Ob. cit., [n.30], p. 439.

[112] MARINUCCI, Giorgio; DOLCINI, Emilio. Ob. cit., [n.30], p. 439.

Esta recepção constitucional de ofensividade pode ser percebida tanto em um espaço exclusivamente principiológico, como no âmbito das denominadas normas constitucionais de "caráter duplo" (*Doppelcharakter*),[113] entre as quais, *v.g.*, a própria norma constitucional da liberdade. Pode-se observar, mesmo que de forma muito breve, a absoluta falta de sentido em se falar de liberdade como direito constitucional fundamental e, simultaneamente, permitir a criminalização irrestrita do seu exercício. Ora, se toda incriminação resulta em uma forte limitação à liberdade de agir – a tipificação pode ser vista como um processo de ponderação de bens, no qual a liberdade cede em prol da tutela de um outro valor como a vida, no homicídio; o patrimônio, no furto, etc.[114] –, essa limitação, de modo a respeitar a condição de direito constitucional fundamental do bem jurídico liberdade, deve atender a pressupostos mínimos, entre eles, a tutela exclusiva de valores dotados de nível constitucional – isto é, de valores que se encontram em uma relação de harmonia com a ordem axiológica jurídico-constitucional – e detentores de um tal conteúdo axiológico, que justifique a forte restrição à liberdade ocasionada pela incriminação. Logo, uma restrição que se faz possível somente quando indispensável para a tutela de particulares bens jurídicos, de bens jurídicos providos de uma significativa e suficiente consistência axiológica, enfim, de bens dotados de dignidade jurídico-penal.[115] Ou, de forma ainda mais clara: a liberdade, enquanto valor constitucional fundamental, somente pode ser restringida quando o seu exercício implicar a ofensa de outro bem em harmonia com a ordem axiológico-constitucional.[116] Meros interesses administrativos insuscetíveis de configurar um bem jurídico-penal estariam, de pronto, e por estas mesmas razões, totalmente excluídos da possibi-

---

[113] Como normas de caráter duplo entendem-se aquelas que possuem existência, simultaneamente, como regra e princípio (ALEXY, Robert. *Theorie der Grundrechte*. Baden-Baden: Suhrkamp, 1994, p. 17 e p. 75 ss.). Ver, também, CANOTILHO, José Joaquim Gomes. *Direito Constitucional e teoria da Constituição*. 5ª ed., Coimbra: Almedina, 2002, p. 1114 s. e 1239.

[114] Também assim, ALEXY, Robert. *Ob. cit.*, [n.38], p. 296 ss.

[115] Assim, FIGUEIREDO DIAS, Jorge de. *Direito penal. Parte geral*. Coimbra: Coimbra Editora, 2004, p. 114 s. Vale sempre lembrar a precisa anotação de Canotilho e Vital Moreira, à luz do texto constitucional português, de que "a lei só pode restringir os direitos, liberdades e garantias nos casos expressamente previstos na Constituição, devendo as restrições limitar-se ao necessário para salvaguardar outros direitos ou interesses constitucionalmente protegidos" (CANOTILHO, José Joaquim Gomes; MOREIRA, Vital. *Constituição da República Portuguesa anotada*. 3ª ed., Coimbra: Coimbra Ed., 1993, p. 151).

[116] No exato sentido do texto, MARINUCCI, Giorgio; DOLCINI, Emilio. *Ob. cit.*, [n.30], p. 489.

lidade de constituir substrato suficiente para o surgimento de uma qualquer incriminação.[117]

Mas, se isso é assim, se a exigência de ofensividade é uma imposição constitucional de legitimidade, dois níveis de valoração se fazem necessários para a verificação e aceitação de um ilícito-típico em âmbito criminal. Um primeiro nível, no qual será verificada a existência de um bem jurídico-penal como objeto de proteção da norma. E um segundo nível, no qual se irá verificar a existência de ofensividade, como resultado (jurídico) da relação entre a conduta típica e o objeto de tutela da norma. Não basta o reconhecimento de um bem jurídico dotado de dignidade penal como objeto de tutela da norma – o que significa, para além de analogia material com a Constituição e necessidade de tutela penal, o reconhecimento de um valor trans-sistemático e concretizável –,[118] mas é também necessário que esse mesmo bem jurídico tenha sofrido, no caso concreto, um dano/violação – ofensa própria dos crimes de dano –, ou um perigo/violação, nas formas de concreto pôr-em-perigo e cuidado-de-perigo – formas de ofensa exigidas, respectivamente, nos crimes de perigo concreto e nos crimes de perigo abstrato –.[119] Ou cairíamos no discurso falacioso e metodologicamente equivocado de que, para tutelarmos bens jurídicos é preciso proibir fatos não ofensivos a bens jurídicos.[120]

Em termos práticos, através de uma forte limitação não só dos bens suscetíveis de figurar como objeto de tutela de uma norma penal, como da técnica de tutela possível e da respectiva hermenêutica, um tal horizonte compreensivo conduz a absoluta impossibilidade constitucional de um direito penal do inimigo, quer por inviabilizar o seu objeto – a figura do inimigo não só está, por evidência, em plena antinomia em relação à ordem axiológico-constitucional brasilei-

---

[117] Para um maior aprofundamento sobre os fundamentos constitucionais e infraconstitucionais da ofensividade, ver D'AVILA, Fabio Roberto. *Ob. cit.*, [n.16], p. 63 ss.

[118] Sobre os requisitos necessários para o reconhecimento de "bem jurídico-penal", ver FIGUEIREDO DIAS, Jorge de. *Ob. cit.*, [n.40], p. 111 ss.

[119] Vale-se aqui da tipologia de ofensa desenvolvida por Faria Costa: dano/violação e perigo/violação, esta subdividida em concreto pôr-em-perigo e cuidado-de-perigo (FARIA COSTA, José de. *Ob. cit.*, [n.15], p. 644 ss.). Observa-se ainda que a forma de ofensa cuidado-de-perigo não se confunde com a matriz onto-antropológica de cuidado-de-perigo. São categorias distintas. Ver, especialmente sobre a ofensa de cuidado-de-perigo, D'AVILA, Fabio Roberto. *Ob. cit.*, [n.16], p. 159 ss.

[120] FARIA COSTA, José de. *Ob. cit.*, [n.15], p. 621; KINDHÄUSER, Urs, *Gefährdung als Strafrecht. Rechtstheoretische Untersuchungen zur Dogmatik der abstrakten und konkreten Gefährdungsdelikte*. Frankfurt am Main: Klostermann, 1989, p. 168

ra, como não pretende representar um fato em si, mas sim um modo de ser reprovável –, quer por inviabilizar a técnica de criminalização que, ao propor uma ampla antecipação da tutela penal, centra-se basicamente em condutas prodrômicas e atos meramente preparatórios, assumidamente desprovidos de ofensividade. E não só. Opõe-se também a reconhecer legitimidade a "pequenas" fraturas sofridas pela noção de ofensa a bens jurídicos, em muitos lugares da teoria geral do crime, normalmente reivindicados a título de exceção, por interesses de política criminal.

Por outro lado, não há dúvida de que a implementação séria e efetiva de um direito penal nos termos ora propostos significa uma forte contenção da intervenção penal em inúmeros espaços de sabido interesse político-criminal. Entretanto, nada além do inevitável. Nada além do custo, muitas vezes alto custo, é verdade, da manutenção dos direitos e garantias fundamentais. Todavia, custo esse que, quanto a nós, em um Estado democrático e social de Direito, não deveria sequer ser posto em questão.

4. Considerações finais

Em uma compreensão onto-antropológica do direito penal, o ilícito, mais do que nunca, assume o papel central na estrutura dogmática do crime. É ele o centro irradiador da contrariedade não só à intencionalidade jurídico-normativa, mas contrariedade também à própria função do direito penal – função que, quanto a nós, cada vez mais se afirma na idéia forte da tutela subsidiária de bens jurídico-penais –, que se revela nas formas fundamentais de ofensa, dano/violação, concreto pôr-em-perigo e cuidado-de-perigo. Um retorno, como se pode perceber, ao resultado jurídico, ou seja, a uma compreensão do ilícito erigida a partir do desvalor que o resultado como ofensa a bens jurídicos expressa. Não, sem dúvida, o retorno ao lugar exato que, na espiral hermenêutica, já não se pode perfazer e que, por certo, não se quer buscar. Mas apenas um retorno que, impulsionado pelos ventos da História, faz-se comprometido com as conquistas que marcaram e marcam o nosso tempo.

III – Teoria do crime e ofensividade. O modelo de crime como ofensa ao bem jurídico*

1. Considerações introdutórias

A compreensão do crime como ofensa a bens jurídico-penais, como dano ou perigo a bens dotados de dignidade penal, embora possa soar, para muitos, como trivialidade, evidência, nomeadamente no espaço de discursividade jurídico-penal brasileiro, é, em verdade, um horizonte compreensivo que, para além de historicamente posto em questão, encontra no direito penal contemporâneo um ambiente hostil, de difícil afirmação e continuidade, muito embora, em um aparente paradoxo, também um dos períodos em que mais tem a oferecer. A ampliação do direito penal secundário, com o surgimento de novos espaços, cada vez mais complexos, de intervenção jurídico-penal, tem levado a um progressivo distanciamento do ilícito penal em relação aos vínculos objetivos que implicam o reconhecimento da ofensividade como elemento de garantia. Mas não só. Tem conduzido a um esfumaçamento dos valores tutelados, a uma perda de densidade tal que o bem jurídico passa a movimentar-se em um espaço de total indiferença em relação a meros interesses de política-criminal, incapaz de atender a uma qualquer pretensão de concretização. O bem jurídico perde seu caráter crítico e a ofensividade, o lugar primeiro na constituição do ilícito. A flexibilidade de teorias subjetivísticas do ilícito, de concepções puramente normativistas ou, ainda, de leituras meramente formais do ilícito penal, hoje tão em voga, torna-se acintosamente

---

* Título original: O modelo de crime como ofensa ao bem jurídico. Elementos para a legitimação do direito penal secundário.

sedutora, mas, em contrapartida, cobra um preço alto em termos de legitimidade, nomeadamente a supressão de elementos objetivos capazes de propiciar substrato material crítico à construção do ilícito-típico. Daí que a insistência em uma compreensão do crime como ofensa a bens jurídicos, naturalmente revisitada,[121] tenha, há tempo, deixado de ser lugar comum e assuma hoje um espaço central na discussão sobre a legitimidade do direito penal contemporâneo.

Todas as inúmeras dificuldades, de ordem prática e teórica, que atualmente recaem sobre a teoria do bem jurídico-penal no âmbito do direito penal secundário, parecem ser, todavia, de forma curiosa, justamente os elementos que têm impulsionado a (re)visitação da categoria através de importantes estudos com vistas, no mais das vezes, ao seu aperfeiçoamento e continuidade. Em Portugal, Figueiredo Dias, em seu recente "Direito Penal", afirma ser a função do direito penal a *"tutela subsidiária (ou de* ultima ratio*) de bens jurídicos dotados de dignidade penal (de "bens jurídico-penais")"*;[122] enquanto Faria Costa, desde 1992, com "O Perigo em Direito Penal", põe à mostra os fundamentos de um direito penal de base ontológica, na qual o resultado jurídico emerge como pedra angular do ilícito penal.[123] Na Alemanha, foi recentemente publicada uma interessante coletânea sobre a teoria do bem jurídico (*Die Rechtsgutstheorie. Legitimationsbasis des Strafrechts oder dogmatisches Glasperlenspiel?*), organizada por Hefendehl, A. von Hirsch e Wohlers;[124] e Claus Roxin, no final de 2004, num escrito em homenagem aos 90 anos do Prof. Dr. Hans-Heinrich Jescheck, põe em evidência e reafirma uma das máximas do pensamento de Jescheck, ao concluir que "a proteção de bens jurídicos não apenas designa a tarefa do direito penal, mas também controla a sistemática da teoria do ilícito".[125] No Brasil, temos, dentre

---

[121] A recuperação de categorias que muito de si deram ao direito penal nada tem de ultrapassado ou insuficiente, afinal, pela própria natureza das coisas, nunca é o que já foi, mas sempre aquilo que pode ser aos olhos do tempo em que é construída, nos limites precisos do processo de edificação que nos permite a espiral hermenêutica.

[122] FIGUEIREDO DIAS, Jorge de, *Direito penal*. Parte geral, tomo I, Coimbra: Coimbra Ed., 2004, p. 109 (grifo do autor).

[123] FARIA COSTA, José de, *O perigo em direito penal*. Contributo para a sua fundamentação e compreensão dogmáticas, Coimbra: Coimbra Ed., 1992, *passim*.

[124] HEFENDEHL, Roland; HIRSCH, Andrew von; WOHLERS, Wolfgang, *Die Rechtsgutstheorie*. Legitimationsbasis des Strafrechts oder dogmatisches Glasperlenspiel?, Baden-Bende: Nomos, 2003.

[125] ROXIN, Claus, "Das strafrechtliche Unrecht im Spannungsfeld von Rechtsgüterschutz und individueller Freiheit", *ZStW*, 116 (2004), p. 944.

tantos, o trabalho de doutoramento de Sporleder de Souza, "Bem Jurídico-Penal e Engenharia Genética Humana".[126] Sem falarmos, obviamente, na Itália, onde a prevalência de uma compreensão objetiva do ilícito, expressa na ofensa a bens jurídico-penais, encontra o seu espaço por excelência.[127] Ou seja, exemplos de uma contínua revitalização do estudo do crime como ofensa ao bem jurídico-penal.

Contudo, em que pesem os inúmeros estudos já produzidos e a significativa retomada da literatura penal contemporânea, a recepção do modelo de crime como ofensa a bens jurídicos está longe de obter consenso, mesmo entre seus defensores, sobre a sua compreensão e ressonância na ordem jurídico-penal. A força vinculativa de uma tal idéia reitora passa, em muito, pela compreensão que se tenha da noção de bem jurídico, bem como pelo fundamento jurídico e delimitação que se pretenda atribuir à noção de ofensividade. Daí que – e não poderia ser diferente – a reflexão a que nos propomos tenha de optar por um ou outro caminho, embora indissociáveis em seu entendimento como um todo, para que possamos, sem qualquer pretensão *ex professo*, avançar algumas considerações sobre o tema. O estudo da teoria do bem jurídico, por essa razão, não poderá ter espaço neste breve escrito, senão na forma de algumas notas, com o objetivo de viabilizar o estudo da ofensividade, esta sim, objeto do nosso cuidado. A ofensividade como fenômeno jurídico que pressupõe o bem jurídico, mas que possui, em si mesma, consistência suficiente para servir de objeto de investigação, é que tomaremos como centro da reflexão que segue.

2. Do pecado ao crime. Elementos históricos sobre o surgimento do modelo de crime como ofensa ao bem jurídico

A distinção entre crime e pecado é um dos momentos de maior importância na gênese do direito penal moderno. Muito embora já se possa perceber no trabalho de um dos mais importantes juristas

---

[126] SOUZA, Paulo Vinicius Sporleder de, *Bem jurídico-penal e engenharia genética humana.* Contributo para a compreensão dos bens jurídicos supra-individuais, São Paulo: RT, 2004.

[127] Ver, por todos, MARINUCCI, Giorgio; DOLCINI, Emilio, *Corso di diritto penale*, vol.1, 3ª ed., Milano: Giuffrè, 2001, *passim*.

do séc. XVI, o *Tractatus Criminalis*, do italiano Tiberius Decianus,[128] um detido exame dos conceitos de *peccatum, delictum* e *crimen*,[129] é a partir do jusnaturalismo de autores como Christian Thomasius[130] e, principalmente, da obra epocal de Cesare Beccaria, *dei Delitti e delle Pene* (1764), que o crime ganha autonomia em relação ao pecado, em uma virada que assinala o nascimento do direito penal secularizado. Não mais enquanto pecado, mas como fato danoso à sociedade é que o crime assume o lugar central no âmbito da nascente ordem penal dessacralizada.[131]

No período pré-iluminista, o ilícito penal movimentava-se em uma dimensão acentuadamente teológica. Crime e pecado confundiam-se. Era nada mais que violação da vontade de Deus.[132] A separação entre Estado e Igreja, entretanto, implicou uma idêntica separação de tarefas e âmbito de atuação. À Igreja competiria o pecado, a maldade, os vícios, enfim, o homem em suas dimensões interna e externa. Ao Estado, por outro lado, sem qualquer pretensão de interferir no modo de ser humano, na sua postura interior ou no seu modo de pensar,[133] competiriam as intervenções do homem no mundo, ou, mais propriamente, as ações humanas externas causadoras de um dano à Nação.[134] O conteúdo de vontade expresso em uma ação externa e concretizado em um dano à Nação era, pois, o fenômeno criminoso em sua emergente compreensão laica. Fenômeno que, embora conformado pelo conteúdo de vontade, encontrava na objetividade do dano a pedra angular do seu conteúdo de desvalor. Não por outra razão, Beccaria, em célebre passagem, embora resguardando um importante papel ao dolo e à culpa na constituição do crime, sublinha, de forma categórica, que "a única e verdadeira medida dos delitos é o dano causado à nação, e por isso erraram

---

[128] Sobre a vida e obra de Tiberius Decianus, ver SCHAFFSTEIN, Federico, *La ciência europea del derecho penal en la época del humanismo*, tradução de Jose Maria Rodriguez Devesa, Madrid: Civitas, p. 1957, p. 81 ss.

[129] Conf. SCHAFFSTEIN, Federico, *ob. cit.*, [n.129], p. 100.

[130] Ver MARINUCCI, Giorgio; DOLCINI, Emilio, *ob. cit.*, [n.128], p. 430.

[131] Conf. MARINUCCI, Giorgio; DOLCINI, Emilio, *ob. cit.*, [n.128], p. 429.

[132] SGUBBI, Filippo, *Responsabilità penale per omesso impedimento dell'evento*, Padova: Cedam, 1975, p. 7.

[133] FIANDACA, Giovanni, "Laicità e beni tutelati". In: *Studi in memoria di Pietro Nuvolone*, vol.1, Milano: Giuffrè, p. 171.

[134] MARINUCCI, Giorgio; DOLCINI, Emilio, *ob. cit.*, [n.128], p. 430.

aqueles que acreditaram como verdadeira medida dos delitos a intenção de quem os comete".[135]

Esse dano de que nos fala Beccaria, capaz de representar com singular eloqüência a medida do crime, em contraposição a juízos acentuadamente subjetivistas e moralistas, ascende como marca do primado objetivista do ilícito penal no período iluminista. Para Beccaria, não haveria legitimidade em criminalizar condutas que prejuízo algum causassem à comunidade. O dano como medida do crime assumia-se, assim, como elemento central do fenômeno criminoso, mas também como elemento crítico de criminalização,[136] preenchendo um importante papel na realização das aspirações ilustradas de contenção e validação do poder punitivo do Estado, através da imposição de vínculos objetivos de legitimidade. Contudo, nesse momento histórico, falar-se em tutela de bens jurídicos em sentido estrito, não era ainda possível.

O ilícito penal do período iluminista erigia-se, não a partir da noção de bem jurídico ainda muito incipiente, mas sim da noção de *direito subjetivo*. Em verdade, o direito subjetivo, para usar as palavras de Sgubbi, "representa a *anima* da concepção de mundo própria do liberalismo clássico".[137] O contrato social substitui a matriz divina do Estado e da sociedade por uma matriz meramente terrena, na qual o direito subjetivo surge como eixo central, capaz de sustentar e promover os princípios de liberdade e igualdade, para além de outros princípios estruturantes da visão de mundo liberal, de modo a propiciar as condições fundamentais de vida em sociedade.[138] A consideração do direito subjetivo de cada um diante do direito dos demais permite traçar simultaneamente os limites de liberdade garantidos pela ordem jurídica e o início do seu exercício arbitrário, violador de direitos alheios, o que, considerado em conjunto, confere a cada indivíduo um determinado *Lebenskreis* (âmbito de vida), demarcador da fronteira entre o lícito e o ilícito, entre a violação e a não-violação de direitos subjetivos alheios, de modo que, neste

---

[135] BECCARIA, Cesare, *Dos delitos e das penas*, trad. de José de Faria Costa, com ensaios introdutórios de José de Faria Costa e Giorgio Marinucci, Lisboa: Fund. Calouste Gulbenkian, 1998, VII, p. 75.

[136] FARIA COSTA, José de, "Ler Beccaria hoje". In: BECCARIA, Cesare. *Dos delitos e das penas*, trad. de José de Faria Costa, Lisboa: Fund. Calouste Gulbenkian, 1998, p. 10.

[137] SGUBBI, Filippo, *ob. cit.*, [n.133], p. 16.

[138] SGUBBI, Filippo, *ob. cit.*, [n.133], p. 14 ss.

preciso cenário, outra não poderia ser a essência do crime, senão a violação do *Lebenskreis, ipso facto,* a violação de um direito subjetivo.[139]

Tal forma de compreender o crime pode ser surpreendida, em sua mais forte expressão, na célebre obra de Anselm von Feuerbach, a quem se pode atribuir a primeira tentativa frutuosa em obter um "conceito material de crime, transcendente e crítico face ao direito penal vigente".[140] Já no início de seu *Lehrbuch des peinlichen Rechts* (primeira edição de 1801), Feuerbach assinala, como o mais importante princípio de direito penal, que toda pena aplicada pelo Estado é "a conseqüência jurídica de uma lei fundamentada através da necessidade de conservação de direitos alheios, e que ameaça a violação de um direito com um mal sensível" (§ 19),[141] concluindo que, por crime, em sentido amplo, dever-se-ia entender a "a ofensa contida em uma lei penal, ou uma ação que, sancionada por uma lei penal, *contraria o direito de outrem*" (§ 21).[142] Fortemente influenciado pelo pensamento kantiano, Feuerbach nega legitimidade à utilização do direito penal como instrumento de persecução de finalidades transcendentes, quer de fundo religioso, quer estabelecidas no bem comum.[143] A existência e finalidade do Estado justificam-se na proteção das liberdades, na prevenção da violação de direitos subjetivos, e só com este fim, somente para a proteção de direitos subjetivos da atuação de ações externas, é que se legitima a competência do legislador.[144]

Percebe-se, assim, que Feuerbach não deixa de se ocupar da danosidade social de que nos fala Beccaria, mas o faz de forma particu-

---

[139] O que não significa, por certo, que toda violação de um direito subjetivo implique a existência de um ilícito penal. Aqui, oportuna a observação de Sgubbi ao salientar o caráter excepcional da intervenção penal (SGUBBI, Filippo, *ob. cit.*, [n.133], p. 18).

[140] COSTA ANDRADE, Manuel da, *Consentimento e acordo em direito penal.* Contributo para a fundamentação de um paradigma dualista, Coimbra: Coimbra Ed., 1991, p. 43.

[141] FEUERBACH, Anselm Ritter von, *Lehrbuch des gemeinen in Deutschland gültigen peinlichen Rechts*, 13ª ed., Giessen: Georg Friedrich Heyer, 1840, p. 41 (§ 19: Aus obiger Deduction ergiebt sich folgendes höchste Princip des peinl. Rechts: Jede rechtliche Strafe im Staate ist die rechtliche Folge eines, durch die Nothwendigkeit der Erhaltung äusserer Rechte begründeten, und eine Rechtsverletzung mit einem sinnlichen Uebel bedrohenden Gesetzes).

[142] FEUERBACH, Anselm Ritter von, *ob. cit.*, [n.142], p. 45 (itálico nosso) (§ 21. Dieses [das Verbrechen], im weitesten Sinne, ist daher eine unter einem Strafgesetz enthaltene Beleidigung, oder eine durch ein Strafgesetz bedrohte, dem Recht eines Andern wiedersprechenden Handlung).

[143] COSTA ANDRADE, Manuel da, *ob. cit.*, [n.141], p. 45.

[144] COSTA ANDRADE, Manuel da, *ob. cit.*, [n.141], p. 48 s.

larizada. A dimensão social do dano é trazida indiretamente e, por isso, com prejuízo de sua autonomia,[145] para o centro de desvalor do crime, através da violação de um direito subjetivo. Como bem observa Amelung, a lógica contratualista indica não só as diretrizes normativas do direito penal, como descreve aquilo que é prejudicado pela ação socialmente danosa. Ou seja, socialmente danosa é a conduta que desorganiza a ordem posta pelo contrato, violando direitos individuais ou do Estado como pessoa moral,[146] erigidos a partir de uma orientação individualista.[147] E, nesta medida, o direito subjetivo torna-se o objeto jurídico da proteção normativa, implicando uma conseqüente leitura da ofensividade a partir da sua violação.

Todavia, muito embora o crime como violação de um direito subjetivo tenha proporcionado um importante contributo em prol da elaboração e afirmação de um conceito material de crime, acentuadamente crítico em relação ao direito penal vigente – o que se percebe com especial clareza no que tange aos crimes contra a religião e aos crimes contra a moral sexual, incapazes de representar uma qualquer violação a um direito subjetivo –,[148] a concepção apresentava também limitações de difícil solução, nomeadamente no que se refere à sua capacidade explicativa e ao conteúdo de ofensividade que pretende expressar. Reconhecer, para além da violação de um direito subjetivo do indivíduo, também a violação de um direito subjetivo do Estado como um fato criminoso, é algo não só possível, mas presente no pensamento de autores como Feuerbach – razão de ser, inclusive, da distinção entre crimes privados e crimes públicos, respectivamente –, agora, admitir, na esfera das condutas violadoras de direitos subjetivos, crimes como, *v.g.*, a falsidade, atentados contra a incolumidade pública ou contra a ordem pública, cuja legitimidade não era posta por ninguém em questão, era ir longe demais.[149] Estaríamos, bem observam Marinucci e Dolcini, ou diante de uma categoria de crime marcada pela ausência de violação de um direito subjetivo, ou desnaturando a própria noção de violação, ao admitir,

---

[145] Ver COSTA ANDRADE, Manuel da, *ob. cit.*, [n.141], p. 50.
[146] FEUERBACH, Anselm Ritter von, *ob. cit.*, [n.142], p. 48 s.
[147] AMELUNG, Knut, "Rechtsgutverletzung und Sozialschädlichkeit". In: *Recht und Moral*. Beiträge zu einer Standortbestimmung, org. por Jung, Müller-Dietz e Neumann, Baden-Baden: Nomos, 1991, p. 269.
[148] AMELUNG, Knut, *ob. cit.*, [n.148], p. 269.
[149] MARINUCCI, Giorgio; DOLCINI, Emilio, *ob. cit.*, [n.128], p. 433.

na hipótese de valores em que não é possível identificar o titular em um determinado sujeito (*v.g.*, valores coletivos, sociais, etc.), um direito subjetivo sem sujeito.[150]

Para além disso, também a própria noção de ofensividade apreensível na violação de um direito subjetivo é, em si mesma, equivocada. Quando alguém lesiona a integridade física de outrem ou subtrai para si bens móveis alheios, não suprime ou lesiona o direito subjetivo em questão. Ele se mantém intacto, nada sofre com a agressão, pois, em verdade, a ofensa nada pode causar ao direito, mas, sim, apenas ao seu objeto. É o próprio objeto do direito, isto é, a vida, a honra, a integridade física, o patrimônio, e não o direito em si, que sofre a ação criminosa, que pode, enfim, ser objeto e expressar o efetivo conteúdo de desvalor da ofensa.[151] Surgiam, portanto, aos poucos, os elementos que iriam propiciar uma nova compreensão do conteúdo material do crime, que iriam propiciar o surgimento do modelo de crime como ofensa a bens jurídicos.

A teoria da proteção de bens jurídicos (*Lehre vom Rechtsgüterschutz*) tem o seu primeiro desenvolvimento em um conhecido escrito de Birnbaum (1834), no qual o autor afirmava que o conteúdo do crime deveria ser buscado, não na violação de direitos subjetivos, mas na ofensa a valores assim reconhecidos pela sociedade,[152] isto é, na ofensa a bens protegidos pela norma.[153] Para Birnbaum, o crime deveria ser reconhecido na "lesão ou pôr-em-perigo, atribuível à vontade humana, de um bem a todos garantido igualmente

---

[150] MARINUCCI, Giorgio; DOLCINI, Emilio, *ob. cit.*, [n.128], p. 433.

[151] Esta crítica pode ser encontrada já no célebre trabalho de Birnbaum, ao qual se credita o surgimento do conceito de bem jurídico, muito embora o termo "bem jurídico", propriamente dito – isto é, a tradução para o português da expressão *Rechtsgut* –, tenha sido primeiramente utilizada por Binding, na primeira edição do *Die Normen*, em 1872 (assim, COSTA ANDRADE, Manuel da, *ob. cit.*, [n.141], p. 64 s.). Observava Birnbaum que, se o perigo é uma situação na qual tememos a perda ou a privação de um bem, é totalmente inadequado falar-se em "perigo de um direito" (*Rechtsgefahr*), pois o que estaria em questão é a perda ou privação do objeto do nosso direito, e não o direito em si, insuscetível de ser, *in casu*, reduzido ou suprimido. Inadequação esta que, embora perceptível também nos crimes de lesão – quando então se falaria em "lesão a um direito" (*Rechtsverletzung*) –, vista da perspectiva das situações de perigo, revela-se com ainda maior clareza (BIRNBAUM, J., "Über das Erfordernis einer Rechtsverletzung zum Begriffe des Verbrechens, mit besonderer Rücksicht auf den Begriff der Ehrenkränkung", *Arquiv des Criminalrechts*, (1834), p. 172).

[152] Birnbaum acreditava que os valores suscetíveis de tutela poderiam advir de uma dimensão natural ou dimensão comunitária, ou seja, poderiam ser dados pela natureza ou ser encontrados no desenvolvimento da sociedade (BIRNBAUM, J., *ob. cit.*, [n.152], p. 177).

[153] BIRNBAUM, J., *ob. cit.*, [n.152], p. 172 e 175 ss.

pelo poder do Estado".[154] Uma formulação que põe em destaque a incipiente noção de bem jurídico como objeto de proteção da norma penal incriminadora. Mas não só. Também a emergente noção de ofensividade em suas duas formas fundamentais, dano e perigo, encontram-se já delineadas na proposta de Birnbaum.

Em verdade, tal qual a teoria da violação de um direito subjetivo, a teoria da proteção de bens jurídicos também encontra a sua origem na concepção iluminista de dano social, em que pese com ela não se confunda. Não se trata, como bem salienta Amelung, de diferenças meramente descritivas, isto é, ao invés da violação de um direito subjetivo, teríamos a violação de um bem jurídico, o que, no entanto, por si só, já representaria um significativo ganho teórico e prático.[155] Há também diferenças normativas de grande significado. Embora possamos afirmar que a maior parte dos bens jurídicos reconhecidos pela ordem jurídico-penal sejam oriundos dos direitos subjetivos em ascensão,[156] não houve, de início, uma preocupação em restringi-los ao âmbito dos direitos individuais. Birnbaum, inclusive, propôs o conceito de *Gemeingut* (bem comum), ao qual subsumia convicções morais e religiosas da comunidade,[157] em total dissonância com as aspirações que norteavam os ideais iluministas, tornando controvertida, até hoje, a idéia de um possível aumento do âmbito de punibilidade penal com o advento da noção de bem jurídico.[158]

Certa ou não, não é o que aqui importa, a mera possibilidade de admitir-se uma ampliação do espaço de intervenção penal a partir do conceito de bem (jurídico) de Birnbaum coloca em evidência as então incipientes dimensões fundamentais da teoria do crime como

---

[154] *In verbis*: "dass als Verbrechen nach der Natur der Sache oder als vernunftgemäss im Staate strafbar jede dem menschlichen Willen zuzurechnende Verletzung oder Gefährdung eines durch die Staatsgewalt Allen gleichmässig zu garantirenden Gutes anzusehen sein..." (BIRNBAUM, J., *ob. cit.*, [n.152], p. 179).

[155] Para mais detalhes, ver AMELUNG, Knut, *ob. cit.*, [n.148], p. 269 ss.

[156] Ver FIGUEIREDO DIAS, Jorge de, *ob. cit.*, [n.123], p. 110; e, do mesmo autor, *Temas básicos da doutrina penal. Sobre os fundamentos da doutrina penal. Sobre a doutrina geral do crime*, Coimbra: Coimbra Ed., 2001, p. 43 s.

[157] BIRNBAUM, J., *ob. cit.*, [n.152], p. 178. Sobre a questão, ver, também, AMELUNG, Knut, *ob. cit.*, [n.148], p. 270; GÜNTHER, Klaus, "Von der Rechts- zur Pflichtverletzung. Ein "Paradigmawechsel" im Strafrecht?". In: *Vom unmöglichen Zustand des Strafrechts*, Frankfurt am Main: Peter Lang, 1995, p. 452 s.

[158] MARINUCCI, Giorgio; DOLCINI, Emilio, *ob. cit.*, [n.128], p. 434. Ver, também, COSTA ANDRADE, Manuel da, *ob. cit.*, [n.141], p. 53 s.

ofensa a bem jurídicos, o *objeto de tutela da norma* e as *formas de sua violação*, ou, se assim preferirmos, o *bem jurídico* e a *ofensividade*, permitindo, desde então, antever muito dos problemas que os acompanhariam durante a sua trajetória jurídico-dogmática. A ofensividade, mesmo que concebida tal qual a temos, a partir de uma perspectiva onto-antropológica, pode ter seu conteúdo de garantia suprimido em razão de sua natureza relacional, dependendo do conteúdo que é atribuído à noção de bem jurídico. Da mesma forma que o bem jurídico pode representar nada mais que um elemento de inspiração legislativa, desprovido de qualquer potencial crítico, se abrirmos em demasia os limites da ofensividade. Daí não percebermos o estudo da ofensividade em uma posição dicotômica em relação à teoria da proteção de bens jurídicos,[159] mas como dimensão insuprimível desta, que precisa ser desenvolvida a partir da sua compreensão e delimitação, para que possamos assim, e somente assim, obter a totalidade do potencial explicativo e heurístico da *teoria do crime como ofensa a bens jurídicos*.

Até alcançar a conformação crítica e transistemática de base constitucional que tem hoje o bem jurídico, muitos foram os momentos em que teve enfraquecida e até mesmo suprimida a sua capacidade de legitimação (crítica) da intervenção jurídico-penal incriminadora. Já em sua primeira elaboração, como vimos, Birnbaum permite uma abertura através da qual eram resgatados valores transcendentais de base puramente moral ou religiosa.[160] Binding, em acentuado positivismo, supervaloriza o processo legislativo na formulação do bem jurídico, restringindo-o a uma relação de total e inquestionável conformidade com a norma. O bem jurídico, limitado unicamente à lógica e às considerações próprias do direito, encontra na norma o seu referencial de validade, o seu próprio fundamento, suprimindo desta relação qualquer possível foco de tensão.[161] Honig, ainda em uma compreensão intra-sistemática, com o seu conceito metodológico, esvazia o conteúdo liberal de garantia do bem jurídi-

---

[159] Em referência crítica sobre a nossa compreensão, FIGUEIREDO DIAS, Jorge de, *ob. cit.*, [n.123], p. 290.

[160] BIRNBAUM, J., *ob. cit.*, [n.152], p. 178.

[161] Para Binding, bem jurídico é tudo aquilo que, aos olhos do legislador, é valorado como condição de vida saudável da comunidade jurídica, em cuja conservação inalterável e imperturbável a comunidade tem interesse, e que, por isso, através de uma norma, busca evitar uma indesejada lesão ou pôr-em-perigo (BINDING, Karl, *Die Normen und ihre Übertretung*, vol. I, 3ª ed., Leipzig: von Felix Meyer, 1916, p. 353 ss.). Para uma cuidadosa análise da compreensão do bem jurídico em Binding, ver COSTA ANDRADE, Manuel da, *ob. cit.*, [n.141], p. 61 ss.

co, relegando-lhe apenas uma modesta função de orientação na interpretação do tipo.[162] E, para ficarmos em apenas alguns exemplos, já agora em uma outra perspectiva, a própria experiência jurídico-penal da Alemanha Nacional-Socialista, na qual o ilícito penal como expressão extrema de autoritarismo assume a forma de uma mera *violação de dever* (*Pflichtverlezung*), uma *simples desobediência* aos deveres impostos pelo Estado, não excluiu, de pronto, a noção de bem jurídico. Embora estranha ao pensamento da Escola de Kiel (Schaffstein e Dahm), para a qual o bem jurídico era a representação forte de um indesejado legado liberal-individualista, Schwinge e Zimmerl propugnavam uma concepção de bem jurídico supra-individual, representativa dos valores da Alemanha nazista, que, por este exato motivo, em nada prejudicava o eticismo despótico característico da compreensão nacional-socialista de crime.[163]

Não há dúvida, portanto, de que de nada vale falar em ofensividade como limite material da incriminação se não partirmos de um conceito de bem jurídico-penal que propicie uma tal construção teórica. Hoje, todavia, a significativa e crescente aceitação de leituras constitucionais do bem jurídico-penal, tanto no Brasil como no exterior, em uma perspectiva transistemática, permite-nos confiar em um terreno já suficientemente delimitado e seguro, para que possamos avançar algumas linhas sobre a ofensividade em direito penal.

3. Sobre a fundamentação constitucional da ofensividade

A estreita relação entre os modelos de crime e os modelos de Estado, claramente percebida em uma perspectiva histórica, revela elementos significativos sobre uma maior ou menor dificuldade de assimilação de certas formas de estruturação do ilícito-típico, servindo, no mais das vezes, como índice confiável de autoritarismo penal. Da mesma forma que o fortalecimento da compreensão do

---

[162] FIGUEIREDO DIAS, Jorge de, *ob. cit.*, [n.123], p. 110 s.

[163] Sobre o direito penal nacional-socialista, ver GÜNTHER, Klaus, *ob. cit.*, [n.158], p. 452 ss; COSTA ANDRADE, Manuel da, *ob. cit.*, [n.141], p. 68 s., nota 86; MARINUCCI, Giorgio; DOLCINI, Emilio, *ob. cit.*, [n.128], p. 438 ss.; FERNÁNDEZ, Gonzalo, *Bien jurídico y sistema del delito*. Un ensayo de fundamentación dogmática, Buenos Aires: Julio Cezar Faria Ed., 2004, p. 31 ss.; entre nós, SOUZA, Paulo Vinicius Sporleder de, *ob. cit.*, [n.127], p. 94 ss.

crime como mera violação dos deveres impostos pelo Estado, em uma política-criminal de exaltação dos vínculos éticos de fidelidade e obediência durante o nacional-socialismo, muito tem a dizer sobre a relação Estado-cidadão na Alemanha nazista, também o modelo de crime como ofensa a bens jurídico-penais pretende refletir e concretizar linhas ideológicas comuns à grande maioria dos Estados ocidentais contemporâneos. Em verdade, podemos dizer que o modelo de crime como ofensa a bens jurídicos em sua vertente principiológica, o denominado Princípio da Ofensividade é, antes de qualquer coisa, uma projeção principial de base político-ideológica que reflete uma forma de pensar o direito penal e o fenômeno criminoso não só adequada, mas até mesmo intrínseca ao modelo de Estado democrático e social de Direito.

Muitas são, nesta perspectiva, as linhas de força axiológicas que poderiam ser invocadas como elementos fundantes de tal orientação política do Estado. Mas, primando pela simplicidade de exposição e atento aos limites deste breve escrito, poderíamos dizer que indiscutível nessa precisa forma de ver as coisas está o comprometimento forte do Estado para com os direitos e garantias fundamentais. Um Estado que se quer não-liberticida, autoritário, intolerante, mas sim, laico, plural e multicultural, erigido a partir da diferença e com ela comprometido, em que não há espaço para perseguições de credo, cor ou classe, em que não se punem pessoas ou grupos, mas apenas fatos.[164] Enfim, um Estado em que todos, absolutamente todos, podem valer-se da condição de cidadãos e, assim, resguardados pela totalidade dos direitos e garantias constitucionais, resistir às manifestações de inaceitável autoritarismo que, sazonalmente, quer por razões de cunho meramente pragmático, quer por razões ideológicas, insistem em tentá-lo.[165]

---

[164] Neste exato sentido, porém em referência à Constituição italiana, afirmam Marinucci e Dolcini que, na proposta de Estado delineada na Constituição de 1948, isto é, em um Estado pluralista, laico, inspirado em valores de tolerância, no qual todo o poder emana do povo e que reconhece no homem a sua dignidade e um conjunto de direitos invioláveis, "num Estado desta natureza, dizíamos, o direito penal não pode perseguir fins transcendentes ou éticos; não pode degradar o homem à condição de mero "objeto de tratamento" pelas suas presumíveis tendências anti-sociais, nem pode fazer assentar o crime em meras atitudes interiores ou na vontade pura e simples – de qualquer maneira manifestada – de desobedecer às leis" (MARINUCCI, Giorgio; DOLCINI, Emilio, "Constituição e escolha de bens jurídicos", *Rev. Portuguesa de Ciências Criminais*, 4 (1994), p. 152).

[165] Nada melhor para exemplificar as tendências autoritárias, revestidas de um colorido democrático que hoje tentam o direito penal que o denominado direito penal do inimigo (*Feindstrafrecht*) de Jakobs (ver JAKOBS, Günther; CANCIO MELIÁ, Manuel, *Derecho penal del*

Elementos, portanto, que, fortemente recepcionados pela Carta Constitucional brasileira, inclusive em seu próprio preâmbulo,[166] muito pouca ou quase nenhuma resistência deveria encontrar, em termos ideológicos, no espaço político-criminal brasileiro. Todavia, a falta, muitas vezes, de patamares mínimos de racionalidade e univocidade da política criminal brasileira faz com que se sinta mais acentuadamente – e apenas mais acentuadamente – a insuficiência de diretrizes meramente político-ideológicas e daí, a conseqüente necessidade de vínculos positivos. A dissonância entre a prática político-criminal levada a cabo pelo Estado e aquela esperada a partir dos compromissos político-jurídicos assumidos pela Constituição demonstram, a toda evidência, a necessidade de trabalharmos com critérios positivos, capazes de conferir limites razoavelmente seguros para os processos de criminalização e descriminalização. E mais. A necessidade de trabalharmos com critérios constitucionais suficientemente aptos a delimitar adequadamente os processos legislativo e hermenêutico-aplicativo. A discussão desloca-se, desta forma, para o plano constitucional, para o questionamento sobre a existência de uma exigência constitucional de ofensividade, o que tornaria a ofensa a bens jurídico-penais, para além de elemento de orientação, um dos principais limites de contenção da política criminal contemporânea.

A ofensividade é, sem dúvida, por inúmeras razões, uma exigência constitucional. Aliás, parece-nos possível encontrar elementos para justificar uma tal exigência, tanto em âmbito puramente principiológico como, e principalmente, à luz das regras constitucionais. Partindo de um ordenamento constitucional fundado na inter-relação de regras e princípios,[167] podemos, mediante a admissão de uma proposição de ordem e paz a cargo do Estado de Direito,[168]

---

enemigo, Madrid: Civitas, 2003; e, de forma crítica, PRITTWITZ, Cornelius, "O direito penal entre direito penal do risco e direito penal do inimigo. Tendências autais em direito penal e política criminal", *RBCCrim*, 47 (2004), p. 31 ss.).

[166] O próprio preâmbulo da Constituição Federal brasileira já dá suficiente notícia do modelo de Estado instituído, ou seja, "um Estado Democrático, destinado a assegurar o exercício dos direitos sociais e individuais, a liberdade, a segurança, o bem-estar, o desenvolvimento, a igualdade e a justiça como valores supremos de uma sociedade fraterna, pluralista e sem preconceitos".

[167] CANOTILHO, José Joaquim Gomes. *Direito constitucional e teoria da Constituição*. 5ª ed., Coimbra: Almedina, 2002, p. 1157.

[168] CANOTILHO, José Joaquim Gomes, *ob. cit.*, [n.168], p. 1168.

reconhecer um princípio geral fundamental de tutela de bens jurídicos, densificador do princípio estruturante do Estado de Direito. Pois é exatamente desse princípio geral de tutela de bens jurídicos que decorre tanto *o princípio geral de garantia representado pela necessária ofensa*, como o *princípio constitucional impositivo, representado pela intervenção penal necessária*, o que significa dizer que ambos estão submetidos ao âmbito normativo do princípio originário, não admitindo uma conflitualidade que extrapole os limites da tutela de bens jurídicos, ou seja, que toda incriminação que vá além dos limites da ofensividade não corresponde a um interesse político-criminal legítimo, eis que estaria fora do âmbito de proteção do seu princípio conformador.[169]

Por outro lado, não é sob uma ótica estritamente principiológica, mas a partir das regras constitucionais – ou, mais precisamente, das normas constitucionais de "caráter duplo" (*Doppelcharakter*) – que a ofensividade alcança o seu momento de maior concreção legislativo-constitucional. No seguimento da teoria dos direitos fundamentais de Alexy, devemos reconhecer que tanto a norma constitucional que prevê a inviolabilidade do direito à liberdade (art. 5º, CF) como a norma constitucional que prevê a dignidade da pessoa humana (art. 1º, CF) são normas constitucionais de caráter duplo (*Doppelcharakter*), simultaneamente, regra e princípio. Da inviolabilidade do direito à liberdade decorre, pois, tanto o princípio da liberdade que, enquanto princípio, está sujeito à ponderação, como a regra da liberdade, esta submetida ao regime duro das regras; o que diferente não é no que tange à dignidade da pessoa humana. Significa dizer que, muito embora a norma constitucional concernente à liberdade admita ser ponderada com outros valores, está longe de admitir uma ponderação irrestrita. Há aqui a inclusão de uma "cláusula restritiva referida a princípios", decorrente da vinculação de ambos os planos – regras e princípios – que admite o *balancing*, porém o faz impondo determinadas exigências para que o conteúdo rígido de regra não seja violado.[170]

Toda previsão legislativa de um tipo penal incriminador, se bem a vemos, é o resultado da ponderação de valores na qual o direito

---

[169] Para maiores detalhes, remetemos o leitor para o nosso *Ofensividade e crimes omissivos próprios*. Contributo à compreensão do crime como ofensa ao bem jurídico, Stvdia Ivridica, Coimbra: Coimbra Ed., (no prelo), p. 63 ss. do manuscrito.

[170] ALEXY, Robert, *Theorie der Grundrechte*, Baden-Baden: Suhrkamp, 1994, p. 123.

fundamental à liberdade é restringido em benefício da conservação de outros valores de fundamental relevo em sociedade (liberdade *versus* patrimônio, *versus* integridade física, *versus* honra, etc.), mesmo que se trate de uma liberdade meramente potencial, como ocorre na restrição da liberdade em prol da tutela da vida, nos crimes contra a vida.[171] E, se isso é correto, mostrar-se-ia absolutamente inaceitável cogitar-se a restrição do direito fundamental à liberdade em benefício da obtenção de meros interesses político-criminais de organização e regulamentação social. Para a sua restrição, é preciso atender não só a uma exigência formal de hierarquia normativa que limita a ponderação a bens com dignidade constitucional – referência mesmo que indireta na Constituição – como a uma necessária compatibilidade axiológica que justifique a restrição, para além, é certo, de um juízo de necessidade de tutela. Enfim, exigências que descartam a ponderação com interesses que sequer possam ser reconhecidos como um bem jurídico-penal, pois, afinal, seria no mínimo contraditório o reconhecimento constitucional do direito inviolável à liberdade simultaneamente à criminalização fácil e irrestrita do seu exercício.[172] A proteção jurídico-constitucional do direito à liberdade – como também da dignidade da pessoa humana que, por sua vez, veda a instrumentalização do homem em benefício de meros interesses administrativos – impede, por tudo isso, o alargamento da tutela penal para além dos casos em que o seu exercício implique a ofensa a outros bens jurídicos em harmonia com a ordem constitucional.[173] Por estas, entre muitas outras razões, é, por certo, a ofensividade uma inafastável exigência para a legitimidade do ilícito-típico na ordem jurídico-penal brasileira, após a Constituição Federal de 1988.

Muitos outros indicativos da concretização legislativa da exigência material de ofensividade podem ser ainda encontrados na legislação infraconstitucional, mais precisamente, no Código Penal brasileiro. São muitos os dispositivos que atestam a recepção de um ilícito penal de base objetiva, em nítida contraposição a uma orientação subjetivista. Os institutos da tentativa (art. 14, II, CP), do crime impossível (art. 17, CP) e até a própria primeira parte do art. 13 do CP permitem o claro reconhecimento de um direito penal acentua-

---

[171] ALEXY, Robert, *ob. cit.*, [n.171], p. 296 ss.

[172] MARINUCCI, Giorgio; DOLCINI, Emilio, *ob. cit.*, [n.128], p. 489.

[173] Nesse mesmo sentido, FIGUEIREDO DIAS, Jorge de, *ob. cit.*, [n.123], p. 114; PRADO, Luiz Regis, *Bem jurídico-penal e Constituição*, São Paulo: RT, 1996, p. 58 e 68.

damente comprometido com o desvalor que representa a ofensa a bens jurídico-penais, no seguimento do chamado *Erfolgstrafrecht*, e reclamam o desenvolvimento sistemático de uma hermenêutica consistente e verdadeiramente comprometida com uma tal orientação.

4. Ofensividade e direito penal secundário. Subsídios para uma necessária aproximação

Chegando até aqui, acreditamos ter elementos suficientes para reconhecer a ofensividade como efetiva exigência constitucional de legitimidade do ilícito jurídico-penal e, a partir disso, questionarmos acerca da sua importância como elemento de delimitação também no espaço de juridicidade do direito penal secundário. Questão que assume especial relevância quando a crescente utilização, neste particular âmbito do direito penal, de categorias de crime tradicionalmente reconhecidas como hipóteses de ilícito incompatíveis com a noção de ofensa ao bem jurídico, alimentada por fortes interesses de política criminal, mais especificamente, de prevenção geral positiva, tem propiciado a manutenção de um significativo espaço de tensão que não raramente convida a uma relativização da ofensa como regra geral a todas as formas de aparição do ilícito-típico, em prol de espaços de livre disposição político-criminal.

Não outra tem sido, *v.g.*, a orientação proposta por um dos principais estudiosos da ofensividade, Ferrando Mantovani: em que pese reconheça a recepção constitucional do princípio da ofensividade, faz isso como princípio regular, mas não absoluto. Segundo Mantovani, é importante admitir a possibilidade de derroga do princípio da ofensividade quando estivermos diante de categorias totalmente desprovidas de tal atributo, isto é, diante dos denominados *crimes sem ofensividade* (*reati senza offesa ai beni giuridici*), os quais encontrariam a sua razão de ser na necessidade político-criminal de prevenir ofensas a bens primários, coletivos, institucionais, devendo aqui "a racionalidade do princípio moderar-se com a necessidade de prevenção geral".[174] Em outras palavras, a existência de interesse po-

---

[174] MANTOVANI, Ferrando, "Il principio di offensività nello schema di delega legislativa per un nuovo codice penale", *RIDirPP*, 2 (1997), p. 323. Do mesmo autor, ver, também, *Dirit-*

lítico-criminal na manutenção de categorias jurídico-penais desprovidas de qualquer ofensividade justificaria, por si só, a derroga do princípio. Derroga que, inclusive, no entender de Mantovani viria a preservar o conteúdo de garantia da ofensividade de uma excessiva abertura, ocasionada por tentativas inúteis de recuperação da ofensa em crimes sabidamente desprovidos dela.[175]

Uma tal compreensão é equivocada por inúmeras razões.[176] (a) Há, de pronto, uma clara inversão metodológica. Não é possível partirmos de um dado empírico, do reconhecimento da existência de crimes desprovidos de ofensividade e insuscetíveis de recuperação hermenêutica – de uma hermenêutica assumidamente interessada em resgatar o conteúdo material do ilícito através da restrição do âmbito do tipo –, para afastar a incidência da exigência constitucional de ofensividade, sob a simples alegação da existência de interesses políticos na sua manutenção. Seria o mesmo que propor, absurdamente, a leitura de princípios constitucionais orientadores da legitimação normativa a partir das próprias normas infraconstitucionais. Mas não só. (b) A proposta de Mantovani não atenta às implicações jurídicas do reconhecimento da ofensividade como norma constitucional de caráter duplo, regra e princípio, decorrente da norma constitucional da liberdade e da norma constitucional da dignidade da pessoa humana, o que, como vimos, coloca limites claros e intransponíveis ao processo legislativo infraconstitucional. E (c), por fim, restringindo-nos aos traços mais salientes, há, ainda, um acentuado equívoco lógico, tanto na orientação político-criminal quanto na fundamentação jurídica. (aa) A grande valia, hoje, de um retorno ao essencial, do resgate de uma compreensão objetiva do ilícito penal – de uma compreensão de base objetiva, porém não exclusiva, diga-se –, (re)visitada através da ofensa ao bem jurídico, encontra-se justamente na sua capacidade de delimitação do conteúdo material do ilícito nos novos espaços de incriminação, em clara

---

to penale. Parte generale, 4ª ed., Padova: Cedam, 2001, p. 196; "Il principio di offensività tra dogmática e politica criminale". In: Il diritto penale alla svolta di fine milenio, org. por Stafano Canestrari, Torino: Giappichelli, 1998, p. 251.

[175] MANTOVANI, Ferrando, ob. cit., [n.175], p. 323 ss.

[176] Recepcionando a ofensividade como princípio não sujeito à derroga, FIORE, Carlo, "Il principio di offensività", L'Indice penale, (1994), p. 279; MARINUCCI, Giorgio; DOLCINI, Emilio, ob. cit., [n.128], p. 559 e 254; DOLCINI, Emilio, "Il reato come offesa a un bene giuridico. Un dogma al servizio della politica criminale". In: Il diritto penale alla svolta di fine milenio, org. por Stafano Canestrari, Torino: Giappichelli, 1998, p. 214 s.

oposição às atuais tendências de orientação meramente formal ou normativa. Mas, se isso é verdade, se aqui está a grande valia da categoria em análise, negar-lhe entrada justamente nos espaços em que é posta em questão é negar-lhe sua principal utilidade, é relegá-la a mera condição de critério de interpretação do tipo, com muito pouco a dizer ao direito penal secundário. De forma breve: o motivo que Mantovani apresenta para justificar o afastamento da ofensividade é o exato motivo que nos leva a acreditar que ela deve ter sua aplicação intensificada. (bb) E, por outro lado, propor a criação e manutenção de tipos-de-ilícito desprovidos de ofensa, sob a alegação da necessidade de tutela de bens primários, coletivos e institucionais, é contraditório e insustentável. Ora, alegar a necessidade de crimes sem ofensa ao bem jurídico para evitar a ocorrência de ofensa ao bem jurídico é não só falacioso, como chegaria ao ponto de justificar até mesmo a punibilidade indiscriminada de atos preparatórios, eis que, também aqui, poderíamos buscar teleologicamente o seu desvalor na possível ocorrência de um evento futuro e incerto. Daí reconhecermos plena razão às palavras de Faria Costa ao referir que tal idéia, isto é, a idéia de que é "precisamente em nome da proteção de bens jurídicos que se devem ou têm de punir condutas elas mesmas não violadoras de bens jurídicos", consiste em "uma das expressões mais acabadas de subversão e incompreensão metodológicas".[177]

Todavia, todos esses argumentos apenas reforçam a noção de ilícito penal de base necessariamente objetiva. Os elementos que nos fazem crer em uma recepção constitucional da ofensividade e os moldes em que se dá essa recepção, por nós já considerados, são, por si só, elementos absolutamente suficientes para garantir a sua aplicação ampla e irrestrita em todo o direito penal, sob de pena inconstitucionalidade. A ofensividade torna-se, por isso, no plano de *lege ferenda*, um importante critério de orientação legislativa e, no plano de *lege lata*, critério de validade e delimitação do ilícito, reitor de uma hermenêutica que se quer constitucionalmente orientada. Ou seja, não só o legislador deve ater-se à exigência de ofensividade na proposição de novas figuras delitivas que, na sua interação com outros princípios penais, leva-lo-á a priorizar sempre as formas de

---

[177] FARIA COSTA, José de, *ob. cit.*, [n.124], p. 621, nota 130. Nesse sentido, ver também KINDHÄUSER, Urs, *Gefährdung als Strafrecht*. Rechtstheoretische Untersuchungen zur Dogmatik der abstrakten und konkreten Gefährdungsdelikte, Frankfurt am Main: Klostermann, 1989, p. 168; e D'AVILA, Fabio Roberto, *ob. cit.*, [n.170], p. 104, nota 42, do manuscrito.

ofensa mais intensas, como a aplicação da norma penal exigirá do intérprete uma hermenêutica atenta à sua efetiva existência. O que é o mesmo que dizer que todas as deficiências legislativas deverão ser corrigidas a partir de um filtro hermenêutico que, muitas vezes, poderá restringir o âmbito de aplicação do ilícito-típico, em um processo hermenêutico de correção e recuperação do ilícito, quando, por certo, o tipo penal permitir tal correção, e, outras vezes, pela total incapacidade de adequação à noção de ofensividade, deverá levar inevitavelmente ao reconhecimento da sua inconstitucionalidade.

No direito penal secundário, a necessidade de atenção a ser dispensada, nos planos de *lege ferenda* e *lege lata*, à exigência constitucional de ofensividade aumenta significativamente em razão das particularidades que envolvem os bens jurídico-penais tutelados, normalmente, supra-individuais, da maior complexidade dos elementos que envolvem e constituem o fato, de forte tendência normativa, e da forma de tutela possível, muitas vezes através de crimes de perigo abstrato. Aqui, mesmo que partíssemos de um funcionamento ideal do plano legislativo, o normal aumento da normatividade, por decorrência das vicissitudes inerentes ao objeto e à forma de tutela, concluiríamos por uma maior valorização do trabalho hermenêutico. Mas, se tomamos a realidade legislativa brasileira tal como se apresenta, na qual a falta de preocupação com as exigências constitucionais de validade e a acentuada falta de rigor técnico são marcas comuns, podemos perceber, então, o grau de responsabilidade que recai sobre o intérprete, e daí, a necessidade de um intenso e contínuo aprimoramento do plano hermenêutico-aplicativo, o que, sem dúvida alguma, passa por uma melhor compreensão e delimitação do que devemos entender por ofensividade. O estudo da ofensividade e das formas de ofensa torna-se, pois, tarefa irrenunciável ao processo de atualização da ciência jurídico-penal, decorrência normativa do chamamento à "superação" (*Aufhebung*) que nos é feito, responsavelmente, por Anselmo Borges.[178]

Não há, certamente, nos limites deste breve escrito, como avançarmos considerações minimamente satisfatórias sobre esses dois nódulos problemáticos tão importantes para a afirmação e dinâmica da ofensividade no direito penal secundário. Contudo, não nos po-

---

[178] BORGES, Anselmo, "O crime econômico na perspectiva filosófico-teológica", *Rev. Portuguesa de Ciência Criminal*, 1 (2000), p. 21.

demos furtar a algumas linhas que possam, ao menos, permitir um apertado esboço do nosso modo de ver as coisas.

Em uma compreensão onto-antropológica do direito penal,[179] construída a partir do ilícito, e não, certamente, da pena,[180] apreendemos a ofensividade como ressonância normativa de uma oscilação jurídico-penalmente desvaliosa da relação matricial de cuidado-de-perigo, de cuidado do eu para com o outro e do eu para comigo mesmo. Essa relação matricial, estruturante do modo de ser humano, é chamada indiretamente pela noção de ofensividade, pela noção de ofensa a bens jurídico-penais. A ofensividade torna-se, pois, uma categoria jurídica capaz de expressar um autônomo desvalor de resultado, absolutamente independente de outros centros de desvalor que possam a ela estar teleologicamente relacionados. A ofensividade ganha, dessa maneira, plena autonomia e, por decorrência, capacidade de fundamentação e delimitação do ilícito.

O ilícito penal, neste contexto, é erigido a partir do desvalor que expressa o resultado jurídico, ou seja, a ofensa a bens jurídicos. O bem jurídico-penal assume a posição de pedra angular do ilícito.[181] Como valor positivo que é, o bem jurídico apresenta-se como expressão axiológica irradiante e simultaneamente condensadora da intencionalidade normativa, dando forma ao que podemos chamar de primeiro nível de valoração e permitindo, a partir da tensão entre a sua afirmação e negação, o surgimento de outros níveis de valoração, entre os quais o segundo nível de valoração, o nível da ofensividade. Os fatos que negam o valor positivo primário, que violam o bem jurídico-penal, expressam um determinado conteúdo de desvalor que, em determinados níveis, torna-se perceptível e jurídico-penalmente interessante, permitindo a construção e concretização do ilícito-típico. Ou seja, nada mais do que a forma de captação pelo direito penal das osci-

---

[179] Acompanhamos a compreensão de direito penal elaborada e desenvolvida por José de Faria Costa, em *O Perigo em direito penal*, para onde remetemos o leitor interessado em um desenvolvimento acurado (FARIA COSTA, José de, *ob. cit.*, [n.124], *passim*). Ver, também, do mesmo autor, *Ilícito típico, resultado e hermenêutica. Ou o retorno à limpidez do essencial*, Seminário internacional de Direito Penal, Universidade Lusíada, Lisboa: Universidade Lusíada, março de 2000.

[180] FARIA COSTA, José de, *ob. cit.*, [n.180], p. 7.

[181] Assim, FARIA COSTA, José de, *ob. cit.*, [n.180], p. 23. Como bem afirma Lampe, existem duas formas de se pensar o ordenamento jurídico-penal: ou se parte da pena, das conseqüências da regulamentação, em uma orientação tipicamente funcionalista, ou se parte do ilícito penal, dando origem às concepções de base ontológica (LAMPE, Ernst Joachim, "Sobre la estructura ontológica del injusto punible", *RECrim*, 16 (2004), p. 31 s.).

lações especialmente desvaliosas da relação matricial onto-antropológica de cuidado-de-perigo que são apreendidas e expressadas através de diferentes formas de ofensa. A ofensividade é, portanto, resultado de um segundo e fundamental nível de valoração que, ao expressar o primeiro momento de desvalor do fato, assume-se como elemento de fundação do ilícito, muito embora distante de ser o único.

Ao falar em um ilícito estabelecido a partir do resultado não estamos, em momento algum, negando outros níveis de valoração indispensáveis, como, *v.g.*, o correspondente ao próprio desvalor da ação. Apenas buscamos salientar que é o desvalor de resultado como negação da intencionalidade normativa de um ilícito penal teleologicamente voltado à tutela de bens jurídicos, a pedra angular do ilícito e, se assim é, somente na sua presença é que falaremos em desvalor da ação, ou seja, uma coexistência necessária, mas que só se torna possível diante da preexistência do primeiro. Em outras palavras, o exato oposto à célebre afirmação de Welzel: "a lesão ao bem jurídico (o desvalor de resultado) tem significação jurídico-penal somente dentro de uma ação pessoal antijurídica (dentro do desvalor de ação)" (*die Rechtsgutsverletzung (der Erfolgsunwert) hat strafrechtlich nur innerhalb einer personal-rechtswidrigen Handlung (innerhalb des Handlungsunwerts) Bedeutung).*[182] Segundo o nosso modo de ver as coisas, o desvalor da ação tem relevância jurídico-penal apenas entre os fatos detentores de desvalor de resultado, dentre os fatos violadores de um bem jurídico-penal.[183]

Tal compreensão leva certamente à necessidade de novos acertamentos dogmáticos e ao desenvolvimento de tipologias de ofensa. Ao falarmos em uma necessária restrição do ilícito penal às hipóteses de efetiva ofensa a bens jurídicos, não estamos propondo uma limitação do direito penal aos crimes de dano e aos crimes de perigo concreto. Em verdade, há muitas formas de ofensa que podem, entretanto, ser reunidas, no seguimento de Faria Costa, nas categorias de *dano/violação*, presente nos crimes de dano, e *perigo/violação*, subdividido na ofensa de concreto *pôr-em-perigo* e na ofensa de *cuidado-de-perigo*, presentes, respectivamente, nos crimes de perigo concreto e nos crimes de perigo abstrato.[184]

---

[182] WELZEL, Hans, *Das deutsche Strafrecht*, 11ª ed., Berlin: Gruyter, 1969, p. 75.
[183] D'AVILA, Fabio Roberto, *ob. cit.*, [n.170], p. 114, nota 64, do manuscrito.
[184] FARIA COSTA, José de, *ob. cit.*, [n.124], p. 642 ss.

Devemos observar, por conseguinte, que os crimes de perigo abstrato são, também eles, suscetíveis de recuperação hermenêutica, não constituindo uma categoria necessariamente desprovida de ofensividade. Restringir a riqueza e complexidade da noção jurídico-penal de perigo às situações tradicionalmente denominadas de perigo concreto, relegando aos crimes de perigo abstrato uma exangue presunção absoluta de perigo ou, ainda, à mera violação de um dever, é, sem dúvida, desnecessário e equivocado. A literatura especializada há muito vem tentando resgatar os crimes de perigo abstrato do rol dos tipos-de-ilícito meramente formais e já conta hoje com inúmeras elaborações significativas.[185] Da proposta de (re)leitura dos crimes de perigo abstrato como presunção relativa de perigo (Schröder), ao perigo abstrato como perigosidade (*Gefärlichkeit*) (Gallas, Giusino, Meyer, Hirsch, Zieschang e Mendoza Buergo), passando pela tomada do perigo abstrato como probabilidade de perigo concreto (Cramer), como negligência sem resultado (Horn, Brehm, Schünemann e Roxin), ou, ainda, como risco de lesão ao bem jurídico (Wolter e Martin), sem ter sequer de mencionar, por certo, a nossa própria proposta desenvolvida por ocasião da nossa tese doutoral, em que a ofensa de cuidado-de-perigo, correspondente aos crimes de perigo abstrato, surge como uma interferência jurídico-penalmente desvaliosa na esfera de manifestação do bem jurídico,[186] a ciência jurídico-penal permite hoje afirmar, sem qualquer tipo de receio, a total superação das tradicionais compreensões formal-positivistas dos crimes de perigo abstrato.

Diferente não deve ser o tratamento dado a outras categorias controvertidas do direito penal tradicional cujo interesse e problematicidade têm sido agravados no âmbito do direito penal secundário, como, entre outros, os crimes omissivos próprios e os crimes de resultado cortado. Não acreditamos que a aparente inadequação ou incapacidade explicativa de institutos tradicionais, no que tange principalmente ao direito penal secundário, seja razão suficiente para o seu pronto e fácil afastamento. É evidente que há limites a serem respeitados, sob pena de desconstituição do próprio instituto e é igualmente certo que o direito penal secundário coloca inúmeras dificuldades à manutenção desses limites, porém isso nada mais

---

[185] Para uma breve exposição de todas estas elaborações, ver D'AVILA, Fabio Roberto, *ob. cit.*, [n.170], p. 118 ss., do manuscrito.

[186] D'AVILA, Fabio Roberto, *ob. cit.*, [n.170], p. 172 ss., do manuscrito.

é do que reflexo das transformações sociais a salientar a dimensão histórica do direito penal. A conclusão sobre o envelhecimento de uma ciência não se pode dar a partir de uma análise apressada e superficial acerca da sua (in)capacidade em responder aos desafios do seu tempo, mas sim a partir da sua capacidade de superação, aprimorando-se e adequando-se a esses novos desafios. Debruçamo-nos, pois, na busca de soluções que estão muito além da simples e ingênua transposição de categorias historicamente comprometidas ou de um irresponsável niilismo pós-moderno, debruçamo-nos na tentativa de contribuir para uma constante (re)construção do direito penal, tarefa que, sem dúvida, é irrenunciável e está na base de todo saber científico.

IV – Direito Penal e Direito Administrativo. Elementos para uma distinção qualitativa*

1. Considerações iniciais. (In)diferença e identidade

As profundas transformações sofridas pelo direito penal no final do século XX, por tantos e a tantos títulos já relatadas, têm encontrado em um muitas vezes descurado aspecto a sua mais marcada feição, a indiferença. Indiferença que se torna invisível quando tomada no descuido da análise exageradamente fragmentada da juridicidade e, exatamente por isso, incapaz de esboçar, mesmo que em linhas muito distantes, os contornos da sua própria complexidade, a complexidade do fragmento que, embora assumidamente parte, não deixa, em momento algum, aos olhos do investigador, uma curiosa pretensão de totalidade. Contudo, mesmo entre as mais estreitas leituras do real que o jurídico representa, mesmo sem pretender alcançar os traços grossos através dos quais a contemporaneidade apresenta-nos o seu direito penal, já não há como negar a força atrativa exercida pela noção de indiferença que, com a intensidade de uma quase-evidência, lança-se aos olhos de todos e se explicita na recorrente pergunta sobre a identidade do direito penal contemporâneo. Indiferença e identidade são, pois, a muitas luzes, e o dizemos sem acreditar haver aqui qualquer exagero, verdadeiros gênios de um direito penal a cuja afirmação assiste impassível o nosso tempo.

---
* Título original: Direito penal e direito sancionador. Sobre a identidade do direito penal em tempos de indiferença.

É claro que períodos históricos de liminaridade,[187] sobre os quais temos falado em outras oportunidades,[188] são caracterizados por grandes espaços de indiferença. Não é aqui que está a questão. O problema encontra-se na tensão (in)compreendida entre a indiferença e a identidade, normalmente recepcionada na forma de critérios de exceção, de áreas de exceção, de fundamentos de exceção, não raramente incapazes de serem absorvidos pelo conjunto de direitos e garantias fundamentais sobre os quais se pretende assentar o direito penal nos Estados democráticos e sociais de Direito, mas que, nem por isso, deixam de conviver sobreposta e longamente, nos moldes nem sempre assumidos de um direito penal de exceção. E nem sequer estamos falando aqui de propostas abertas, e por isso mais honestas, como a do *Feindstrafrecht* de Günther Jakobs,[189] cuja pronta e incisiva repulsa por parte de um sem-número de juristas brasileiros e estrangeiros permite-nos, ao menos, afirmar com convicção aquilo que, definitivamente, não desejamos para o direito penal deste milênio. Falamos, isto sim, de pequenas – para muitos, até mesmo, imperceptíveis – fraturas sofridas por princípios fundamentais de direito penal e constitucional em prol do bem-estar dos mais variados programas de política-criminal, o que, muito embora não seja em si uma novidade, diga-se desde já, por sua particular incidência e significativa abrangência, faz-se hoje especialmente preocupante no âmbito do direito penal secundário (*Nebenstrafrecht*).

A falta de cuidado com que avançou, e ainda avança, o legislador ordinário nos novos espaços de intervenção jurídico-penal, especialmente, embora não só, o legislador brasileiro, reflete uma afoiteza que se traduz, em muitos momentos e de forma até mesmo irremediável, em profunda irresponsabilidade não só para com ga-

---

[187] Sobre a noção de liminaridade na antropologia, ver GENNEP, Arnold van, *Os ritos de passagem*, tradução de Mariano Ferreira e apresentação de Roberto da Matta, Petrópolis: Vozes, 1978, p. 34 ss.; TURNER, Victor W., *O processo ritual. Estrutura e antiestrutura*, tradução de Nancy Campi de Castro, Petrópolis: Vozes, 1974, p. 201 ss.

[188] D'AVILA, Fabio Roberto, *Ofensividade e crimes omissivos próprios. Contributo à compreensão do crime com ofensa ao bem jurídico*, Coimbra: Coimbra Editora, 2005, p. 35, nota 52.

[189] Sobre o direito penal do inimigo, ver JAKOBS, Günther; CANCIO MELIÁ, Manuel, *Derecho penal del enemigo*, Madrid: Civitas, 2003; criticamente, PRITTWITZ, Cornelius, "O direito penal entre direito penal do risco e direito penal do inimigo. Tendências atuais em direito penal e política criminal", *RBCCrim*, 47 (2004), p. 31 ss. Recentemente, JAKOBS, Günther, "Terroristen als Personen im Recht?", *ZStW*, 117 (2005), p. 839 ss.; ALBRECHT, Peter-Alexis, "'Krieg gegen den Terror'. Konsequenzen für ein rechtsstaatliches Strafrecht", *ZStW*, 117 (2005), p. 852 ss.; HEGER, Martin, "Diskussionsbeiträge der Strafrechtslehrertagung 2005 in Frankfurt/Oder", *ZStW*, 117 (2005), p. 882 ss.

rantias fundamentais, mas, inclusive, para com o próprio objeto a que se destina a tutela penal. Que o âmbito de regulamentação do direito penal secundário, quer em suas relações, quer em seu objeto, é, por si só, significativamente mais complexo que o tradicional e, por isso, mais suscetível a desvios e equívocos tanto político-criminais, como dogmáticos, é inquestionável. Agora, daí querer justificar uma já comum precipitação normativa e o seu sem-número de equívocos técnicos, é, ao nosso sentir, subverter a mais comezinha lógica, é valer-se dos exatos motivos que lhe exigiriam maior cautela para justificar exatamente a falta dessa mesma cautela. Equívocos que, na prática, têm resultado em legislações dotadas de um profundo e já inaceitável déficit de racionalidade, contemporizado, às vezes, com recursos hermenêutico-aplicativos, porém, outras vezes, de insuscetível recuperação, remetendo-as a um, há muito, insustentável grupo de legislações penais meramente simbólicas.

Refletir, neste preciso contexto, sobre a fronteira entre o direito penal e o direito administrativo sancionador é, por tudo isso, sempre uma difícil reflexão sobre a própria identidade do direito penal em espaços de juridicidade amplamente dominados pela indiferença. Onde o conteúdo do ilícito penal movimenta-se da tutela de bens jurídico-penais à mera desobediência, passando pela tutela tanto de funções, quanto de interesses de política-criminal, e, portanto, onde o conteúdo material do ilícito perde-se ou no simples formalismo positivista, ou na insipidez de artificialismos politicamente orientados. Enfim onde o penal e o administrativo quer em identidade, quer em função confundem-se permanentemente.

A reflexão a que ora nos propomos faz-se, portanto, e diga-se desde já, de forma assumidamente delimitada. Muitas são as possibilidades de enfrentamento da questão em análise, quer sobre a perspectiva da sanção, quer sobre a perspectiva processual, ou ainda, a partir da teleologia característica destes peculiares espaços de juridicidade e sua importante ressonância em âmbito político-criminal. A nossa preocupação, contudo, é muito mais modesta, embora não menos importante. Interessa-nos, aqui, considerar a distinção entre as ilicitudes penal e administrativa – também aqui referida como ilicitude contra-ordenacional ou de mera ordenação social –, sob a estrita perspectiva do conteúdo material do ilícito. Se, de fato, à luz do atual estado do direito penal, estaríamos impelidos a recepcionar os referidos ilícitos em um espaço de absoluta indiferença, à livre disposição do legislador ordinário, o que nos remeteria, inapelavelmente, às construções de acento formal. Ou, se ainda há razões para conceber o penal, na linha de antigas teorias qualitativas, como um *aliud* em relação à normatividade administrativa, ainda detentor de uma identidade própria, na qual busca encontrar e refletir os elementos fortes da sua legitimidade. É, pois, comprometido com este preciso nódulo problemático, que passamos às considerações que seguem.

2. Goldschmitd e o *dano emergens*

Em 1902, em um célebre escrito denominado "Direito Penal Administrativo" (*Das Verwaltungsstrafrecht*),[190] James Goldschmidt debruçava-se sobre a difícil questão da fronteira entre o direito penal e o direito administrativo, uma fronteira, diga-se, materialmente fundada, capaz de servir como critério qualitativo de distinção entre o ilícito penal e o ilícito meramente administrativo, a qual acaba por ser obtida, em sua melhor expressão, na interessante e ainda hoje significativa oposição entre dano e benefício ou ainda, mais precisamente, entre as idéias de *damnum emergens* e *lucrum cessans*. Ou seja, uma distinção suscetível de ser percebida a partir da noção de dano (*Beeinträchtigung*) ao bem jurídico, enquanto fenômeno característico da juridicidade penal, a partir da ocorrência de um *damnum emergens* sofrido pelo bem jurídico enquanto objeto de proteção direta da norma de natureza penal.[191]

O *damnum emergens* consistiria em uma "insurreição de um portador de vontade contra a vontade geral" (*die Auflehnung eines Willensträger gegen den allgemeinen Willen*). Uma realidade em que teríamos, por um lado, um dano à "esfera de poder" (*Machtsphäre*) de um outro portador de vontade, expressa juridicamente em um efetivo dano ao bem jurídico tutelado, e, por outro, a lesão à vontade

---

[190] GOLDSCHMIDT, James, *Das Verwaltungsstrafrecht. Eine Untersuchung der Grenzgebiete zwischen Strafrecht und Verwaltungsrecht auf rechtsgeschichtlicher und rechtsvergleichender Grundlage*, Berlin: Carl Heymanns Verlag, 1902.
[191] GOLDSCHMIDT, James, *ob. cit.*, [n.191], p. 539 s.

geral representada pela própria norma. Ou ainda, de forma simples, duas precisas dimensões, uma formal e outra material, ofendidas simultaneamente através da violação conjunta tanto do preceito normativo, quanto do seu objeto de proteção.[192] E somente aqui, na presença de um *damnum emergens*, é que poderíamos falar em um ilícito com dignidade penal.

Em contrapartida, a ausência de um bem jurídico na posição de objeto diretamente protegido pela norma afastaria a possibilidade de reconhecer um ilícito penal, mas não de reconhecer outras formas de ilicitude de natureza não-penal ou, de forma mais precisa, um ilícito administrativo. Neste, ao invés de uma formulação normativa voltada à tutela de um certo "bem jurídico" (*Rechtsgut*), teríamos, isto sim, uma norma orientada à promoção de um valor despido de um portador de vontade, expresso, por Goldschmidt, na noção de "bem público" (*öffenteliches Wohl*). Bem público este que não consistiria em um "resultado", isto é, algo dado, mas sim em um simples objetivo, de modo que a sua oposição seria incapaz de representar um dano a algo dado – como se percebe no ilícito penal –, mas apenas a omissão da promoção de um objetivo (*Unterlassung der Förderung eines Ziels*). Um ilícito estabelecido não sobre a ocorrência de um resultado danoso, mas sobre a não-ocorrência de um resultado favorável, e, portanto, a partir da idéia de um *lucrum cessans*.[193]

O *lucrum cessans* surge, nesta medida, como característica distintiva do ilícito de natureza administrativa, de um ilícito desprovido de ofensa a um bem jurídico, porém erigido segundo a idéia da promoção de interesses públicos, logo de um ilícito que se faz qualitativamente diverso do ilícito penal. Enquanto este alcança legitimidade apenas quando, para além da oposição ao preceito normativo (dimensão formal), tem o seu objeto de proteção violado, na forma de uma ofensa ao bem jurídico, ou seja, um *damnum emergens* (dimensão material), ao ilícito administrativo, desprovido de bem jurídico, bastaria o não-antendimento às exigências normativas de promoção, bastaria um *lucrum cessans*.

Uma tal compreensão da ilicitude, a partir da oposição entre as idéias de "prejuízo" e "ausência-de-benefício" não é, entretanto, algo novo. Em verdade, essa forma de ver as coisas pode ser surpre-

---

[192] GOLDSCHMIDT, James, *ob. cit.*, [n.191], p. 540.
[193] GOLDSCHMIDT, James, *ob. cit.*, [n.191], p. 544 s.

endida já na obra de autores do século XIX, como Joannis Carmignani cuja influência é visível no próprio trabalho de Goldschmidt.[194]

Em seu *Juris Criminalis. Elementa* (1833), propunha Carmignani uma distinção entre o ilícito penal (*crimina proprie dicta*) e o ilícito de polícia (*politae crimina*), estabelecida fundamentalmente na noção de ofensividade.[195] Enquanto, para o autor, os "crimes propriamente ditos" encontravam a sua razão de ser em uma lesão à segurança, os "crimes de polícia" não passariam de lesões à prosperidade (*in crimina "nempe sic proprie dicta", quae "securitatem" laedunt, ac in "politiae crimina", quae "prosperitatem"*).[196] A previsão de crimes de polícia estaria legitimada pela necessidade de uma melhor e mais perfeita ordem social, de modo que, na sua ausência, ainda haveria vida, apenas não na perfeição que lhe é possível, ao passo que, não proibindo a lesão à segurança, a própria continuidade existencial da vida estaria em questão.[197] Aos crimes propriamente ditos competiria, portanto, a oposição à "destruição de um direito inerente à natureza do homem ou àquela da sociedade", e aos crimes de polícia, a mera "contrariedade à prosperidade pública". Ou seja, ilícitos que se separam, a partir de uma intensa diferenciação de orientação teleológica, fortemente pontuada na antinomia entre necessidade de repressão (ilícito penal) e utilidade de criação (ilícito administrativo).[198]

Todavia, um tal horizonte compreensivo, erigido a partir do reconhecimento de uma acentuada distinção material na constituição dos ilícitos penal e administrativo, fortemente assente no próprio objeto de tutela da norma, já não encontra, hoje, o mesmo reconhecimento de então. Embora as elaborações materiais, em geral, estejam longe de estarem sobrepujadas, como iremos observar a seguir,

---

[194] Ver GOLDSCHMIDT, James, *ob. cit.*, [n.191], p. 336 ss.

[195] CARMIGNANI, Joannis, *Juris Criminalis. Elementa*, 5ª ed., vol. 1, Pisis, 1833. Edição com tradução para o italiano em: CARMIGNANI, Giovanni, *Elementi di diritto criminale*, trad. por Caruana Dingli, primeira edição milanesa revista e anotada por Filippo Ambrosoli, Milano: Francesco Sanvito, 1865.

[196] CARMIGNANI, Joannis, *Juris Criminalis, ob. cit.*, [n.196], p. 31 s., § 152, as aspas correspondem ao itálico do texto original. Trecho que, na versão italiana, recebe a seguinte tradução: "in *delitti così propriamente detti*, i quali sovvertono la *sicurezza*; e in delitti di *polizia*, che ledono la *prosperità*" (CARMIGNANI, Giovanni, *Elementi, ob. cit.*, [n.196], p. 55, § 152).

[197] CARMIGNANI, *Teoria delle leggi della sicurezza sociale*, III, a.a.O., Della difesa preventiva, p. 284 s., *apud*, GOLDSCHMIDT, James, *ob. cit.*, [n.191], p. 343.

[198] CARMIGNANI, *Teoria delle leggi della sicurezza sociale*, III, a.a.O., Della difesa preventiva, p. 284 s., *apud*, GOLDSCHMIDT, James, *ob. cit.*, [n.191], p. 342 s.

temos assistido, principalmente na doutrina alemã, à contínua afirmação de construções formais, orientadas por critérios de distinção quantitativos.

3. Do qualitativo ao quantitativo, e de volta. Elementos para uma distinção material entre os ilícitos penal e administrativo

Na Alemanha – espaço de juridicidade que, pela primeira vez, regulamentou positivamente as denominadas contra-ordenações (*Ordnungswidrigkeiten*),[199] inicialmente na Lei Penal da Economia (*Wirtschaftsstrafgesetz*, 1949) e, posteriormente, em 1952, na Lei das Contra-Ordenações (*Ordnungswidrigkeitengesetz* – *OwiG*),[200] após uma secular discussão acerca da distinção material entre os ilícitos penal e administrativo, que, inclusive, remonta aos célebres escritos de Feuerbach e Luden (séc. XIX)[201] –, a questão é hoje predominantemente recepcionada em favor de uma diferenciação de acento quantitativo.[202]

A tradicional distinção a partir do critério "ofensa a bens jurídicos", segundo o qual o ilícito criminal seria caracterizado pela existência de uma lesão ou perigo ao bem jurídico, ao passo o ilícito administrativo não passaria de infrações de mera desobediência, e que, de uma certa forma, continuava "essencialmente" presente

---

[199] Por normas contra-ordenacionais ou de mera ordenação social entendem-se normas sancionadoras de natureza administrativa, pela primeira vez assim reconhecidas e positivadas pelo ordenamento penal alemão. Dentre os seus méritos, está o esvaziamento das categorias de ilícito de polícia, ilícito penal administrativo e contravenções penais, cujo conteúdo passou a ser recepcionado e regulado, não mais em âmbito penal, mas sim administrativo sancionador.

[200] Lei que foi posteriormente reformada nos anos 1968, 1975 e 1998. Sobre a questão, ver MITSCH, Wolfgang, *Recht der Ordnungswidrigkeiten*, 2. ed., Berlin; Heidelberg: Springer, 2005, p. 23 ss.; NAUCKE, Wolfgang, *Strafrecht. Eine Einführung*, 9. ed., Neuwied; Kriftel: Luchterhand, 2000, p. 127.

[201] Para um detalhado histórico acerca das tentativas de diferenciação material entre os ilícitos criminal e administrativo, ver MICHELS, Hans Gerhard, *Strafbare Handlung und Zuwiderhandlung. Versuch einer materiellen Unterscheidung zwischen Kriminal- und Verwaltungsstrafrecht*, Berlin: de Gruyter, 1963, p. 5 ss.

[202] Ver, por todos, ROXIN, Claus, *Strafrecht. Allgemeiner Teil*, vol.1, 4. ed., München: Beck, 2006, p. 59.

não só na elaboração de Goldschmidt, mas também na "teoria do conteúdo de desvalor ético-social" (*sozialethischer Unwertgehalt*),[203] defronta-se atualmente com forte ceticismo acerca da sua correção, nomeadamente no que tange ao objeto de tutela das infrações de natureza administrativa e à ressonância ético-social do respectivo ilícito: não haveria, aqui, segundo a doutrina majoritária, qualquer diferença.

Representativo desta orientação tem sido o entendimento sustentado por Roxin e ora reafirmado na última edição de seu *Strafrecht, Allgemeiner Teil* (2006). Para o autor, a tutela de bens jurídicos também está presente no âmbito de regulamentação das contra-ordenações, como, *v.g.*, pode-se perceber na infração de perturbação da tranqüilidade através de ruídos (§ 117, OWiG), cuja finalidade é a tutela do bem jurídico "convivência humana" (*das menschliche Zusammenleben*), ou ainda, através da proibição de estacionar, que encontraria a sua razão de ser no evitar o bloqueio de ruas e, por conseguinte, em assegurar o "livre comércio e movimento".[204] O fato de essas infrações estarem previstas como contra-ordenações, e não como um ilícito penal se dá, portanto, não em função da tutela de bens jurídico-penais, eis que comum a ambos, mas dos princípios da subsidiariedade e da bagatelaridade da ofensa.[205]

A relação entre a ilicitude penal e a administrativa, observa Mistch, é nada mais que uma relação de *plus-minus*. Longe de ser um *aliud* em relação ao ilícito penal, como pretendem as distinções qualitativas, a infração administrativa passa a representar apenas um ilícito no qual as características "penais" estão presentes, porém em proporções mais brandas. Ou, em outras palavras, consiste em uma infração marcada apenas por um conteúdo de culpabilidade e ilicitude mais suaves, quando em comparação com a infração criminal, muito embora esse mesmo conteúdo, em termos essenciais, em nada se distinga daquele exigido em âmbito penal.[206] Também as infrações administrativas buscam tutelar bem jurídicos, e também elas podem realizar esta tarefa em relação a bens jurídico individuais – por con-

---

[203] Sobre a teoria do conteúdo de desvalor ético-social, ver MICHELS, Hans Gerhard, *ob. cit.*, [n.202], p. 11 s. e 78 ss.
[204] ROXIN, Claus, *ob. cit.*, [n.203], p. 54.
[205] ROXIN, Claus, *ob. cit.*, [n.203], p. 54.
[206] MITSCH, Wolfgang, *ob. cit.*, [n.201], p. 16 s.

seguinte, em oposição à crítica de que tutelariam apenas valores supra-individuais –, como ocorre em âmbito viário, onde, no mais das vezes, o ilícito está orientado a evitar situações de perigo à vida, à saúde e à propriedade. A particularidade, prossegue Mistch, estaria em um bem jurídico de menor valor ou em uma exposição menos prejudicial – como, *v.g.*, uma hipótese de perigo abstrato ao invés de concreto, ou um ato preparatório no lugar de tentativa –, ou, ainda, em uma menor censurabilidade do fato, muitas vezes realizado por comodidade, esquecimento ou descuido. O que, por sua vez, redundaria em uma sanção pecuniária sem caráter etiquetante, voltada a lembrar e reforçar, na forma de uma advertência, os deveres, *in casu*, violados.[207]

Uma tal distinção de acento quantitativo encontra-se mitigada em algumas elaborações, em razão do reconhecimento de uma dimensão também qualitativa. Muito embora o § 1 OWiG (Lei das Contra-ordenações) considere como contra-ordenação as infrações sancionadas com penas pecuniárias de natureza administrativa (*Geldbuße*) – o que confere um grande poder de decisão ao legislador na seleção de condutas, especialmente quando tomado à luz de um critério qualitativo –, reconhece-se, simultaneamente, e segundo, inclusive, a própria jurisprudência do Tribunal Constitucional Alemão (*BVerG*), um conjunto de ilícitos que seria privativo do direito penal e, por conseguinte, insuscetível de ser previsto como mera contra-ordenação, sem que, com isso, fosse violado o dever constitucional de proteção dos respectivos bens jurídicos. Este espaço de ilicitude vedado a um regulamento de mera ordenação social, normalmente denominado de âmbito nuclear do direito penal (*Kernbereich*) – *v.g.*, homicídio, estupro, roubo, entre outros – colocaria uma fronteira qualitativa entre os ilícitos administrativo e penal, fazendo com que a distinção meramente quantitativa seja mais bem assumida como um critério misto, quantitativo-qualitativo.[208]

Contudo, esta reivindicada *via de mezzo* pouco ou nada diz acerca do preciso problema sobre o qual ora nos debruçamos. Se, por um lado, o reconhecimento de um âmbito nuclear inalienável

---

[207] MITSCH, Wolfgang, *ob. cit.*, [n.201], p. 17 s.

[208] A favor de um critério misto, qualitativo-quantitativo, ROXIN, Claus, *ob. cit.*, [n.203], p. 59. Para um panorama da questão hoje na Alemanha, ver BOHNERT, Joachim, *Karlsruher Kommentar zum Gesetz über Ordnungswidrigkeiten*, org. por Karlheinz Boujong, München: Beck, 2000, p. 20 ss.

busca, de forma clara, reclamar um conteúdo material exclusivo do direito penal, dando origem, até mesmo, a acertadas críticas acerca da sua autodenominação como critério misto, eis que, nesta medida, torna-se nada mais que um critério qualitativo.[209] Por outro, propõe um critério material distintivo apenas no sentido positivo da criminalização, abstendo-se, totalmente, de considerar os limites de legitimidade dessa mesma criminalização, que, por seu turno, estariam jogados em um espaço de indiferença (material), o espaço atribuível a uma distinção meramente quantitativa. Mas, se isso é verdade, é o mesmo que reconhecer, curiosamente e com uma certa perplexidade, limites materiais para o avanço do ilícito de mera ordenação na órbita própria do direito penal, sem, porém, materialmente, nada referir sobre a expansão do direito penal no espaço característico do ilícito contra-ordenacional. O que, quanto a nós, não é outra coisa senão uma nítida inversão da interrogação primeira que, neste breve escrito, e por essa mesma razão, volta a nos preocupar.

No entanto, em que pese o ceticismo da doutrina alemã, as orientações qualitativas têm encontrado novo fôlego em consistentes construções provenientes do espaço de juridicidade português. Em Portugal, onde o pensamento contra-ordenacional teve a sua primeira previsão normativa no DL 232/79, muito embora defendido por Eduardo Correia desde 1962,[210] Figueiredo Dias tem buscado afirmar um critério de distinção qualitativo entre o ilícito penal e o ilícito de mera ordenação social, a partir de uma interessante construção que se vale do (des)valor ético-social da conduta em si, como elemento distintivo. Segundo o autor, é verdade que não se pode falar em um "ilícito ético-socialmente indiferente" mesmo em âmbito contra-ordenacional. Contudo isso não impede de identificar uma diferença de desvalor ético-social entre os ilícitos penal e de mera ordenação, quando considerados em um momento anterior à valoração normativa, isto é, quando considerada a "conduta em si mesma", antes da atribuição de valor própria da proibição legal. Haveria, aqui, por um lado, condutas que, antes da consideração legislativa, são "axiológico-socialmente relevantes," e que, portanto, dariam origem a ilícitos

---

[209] Assim, FARIA COSTA, José de, *O perigo em direito penal. Contributo para a sua fundamentação e compreensão dogmáticas*, Coimbra: Coimbra Editora, 1992, p. 457, acompanhando a atenta crítica de BOHNERT, Joachim, *ob. cit.*, [n.209], p. 25.

[210] Sobre o surgimento do ilícito de mera ordenação social em Portugal, ver FIGUEIREDO DIAS, Jorge de, *Direito penal. Parte geral*, Coimbra: Coimbra Editora, 2004, p. 147 s.

penais. Por outro, condutas "axiológico-socialmente neutras", "às quais não correspondem um mais amplo desvalor moral, cultural ou social", e que, por isso, originariam ilícitos de mera ordenação. Neste caso, o desvalor ético-social é alcançado apenas após a proibição legal.[211]

Da mesma forma, agora no que tange ao bem jurídico, afirma Figueiredo Dias que não se pode sustentar que nas contra-ordenações não está presente a tutela de bens jurídicos, na medida em que "todo ilícito ofende um 'bem' juridicamente protegido". Mas isso não significa que não seja possível perceber uma diferença entre eles. Para o autor, no ilícito penal, o bem jurídico tem existência independente da proibição, ao passo que, nas contra-ordenações, perfaz-se apenas quando a conduta se conexiona com a proibição legal. Enfim, como se pode perceber, propõe uma distinção claramente material, sem, todavia, advertência que faz o próprio autor, a pretensão de excluir posteriores critérios adicionais de distinção, como o quantitativo.[212]

Porém, ainda mais próxima de nós, está, sem dúvida, a elaboração proposta por Faria Costa. Embora também recepcione a valoração ético-social como critério de central importância na distinção material entre a discursividade penal e administrativa, fá-lo, e bem, a partir de elementos outros que permitem um significativo adensamento do ponto de distinção. A questão é posta em termos de diferentes pólos agregadores que originariam campos de normatividade diferenciados, nos quais a *dignidade penal*, sustentada pela valoração ético-social, surge como pedra angular de distinção.[213] Haveria, aqui, quando considerado sob o olhar interessado da relação onto-antropológica de cuidado-de-perigo, relações normativas de primeiro e segundo graus, decorrentes de uma desigual refração da relação onto-antropológica em âmbito normativo. Enquanto, em um primeiro grau, temos a intencionalidade que determina o direito penal (relação de cuidado para com a vida, para com a integridade física, etc.), a qual surge da matriz comunitária e é mediatizada pelo detentor do

---

[211] FIGUEIREDO DIAS, Jorge de, *ob. cit.*, [n.211], p. 150.
[212] Como exemplo, traz a hipótese da condução de veículos mediante a influência de álcool. Com um grau de alcoolemia entre 0,5 e 0,8, há uma contra-ordenação grave; entre 0,8 e 1,2, há uma contra-ordenação muito grave; e igual ou superior a 1,2 g/l, há um crime. Isso ocorreria, porque a partir de 1,2 g/l a conduta se torna ético-socialmente relevante (FIGUEIREDO DIAS, Jorge de, *ob. cit.*, [n.211], p. 151 s.).
[213] FARIA COSTA, José de, *ob. cit.*, [n.210], p. 464 s.

ius puniendi, em uma relação dialética, historicamente situada. No segundo, encontramos a intencionalidade própria da mera ordenação social (relação de cuidado para com o correto funcionamento viário, marítimo e aéreo para a manutenção da transparência e fluidez das relações econômicas, etc.), que parte do próprio Estado e é por ele mediatizado, em uma lógica de cuidar preventivamente. Prevenir este que, no entanto, não se confunde com o prevenir jurídico-penal.[214] O Estado, bem refere Faria Costa, "cumpre a intencionalidade de *cuidar* da promoção e propulsão dos bens jurídicos, criando uma rede de cuidados construídos, cuja manifestação se apreende através do direito de mera ordenação social".[215]

Uma tal forma de ver as coisas, tomada a partir de pólos agregadores capazes de perceber e expressar diferenças ao nível da refração normativa da relação onto-antropológica de cuidado-de-perigo, permite uma melhor compreensão da constante tensão e dinamismo característicos do espaço fronteiriço entre o direito penal e de mera ordenação social, sem, com isso, macular a sua tão pretendida identidade. Em que pese não negarmos o importante papel exercido pela valoração ético-social neste âmbito, o que, como vimos, mesmo no horizonte de teorias de tom quantitativo, tem sido admitido através do reconhecimento de um denominado direito penal nuclear, parece-nos difícil tentar demarcar uma precisa linha material de distinção a partir de um inteligir restrito à existência ou não de relevância ético-social. O particular movimento que marca o espaço de fronteira entre as ordens penal e administrativa, propulsor de um constante processo de criminalização-descriminalização, revela a incidência de um sem-número de princípios fundamentais e interesses de política-criminal, que nem sempre explica seus resultados segundo um juízo ético-social, positivo ou negativo. Expliquemos. Não há dúvida de que o desvalor ético-social tem que estar presente na recepção de uma determinada conduta como ilícito jurídico-penal. Contudo isso está longe de significar que todas as condutas ético-socialmente desvaliosas devam estar penalmente sancionadas, ou, o que é o mesmo, que a simples permanência nos quadros contra-ordenacionais indique a sua inexistência. Há, por certo, e como já mencionado, outras linhas de força que operam, e devem operar, em um processo

---

[214] FARIA COSTA, José de, *ob. cit.*, [n.210], p. 465 s.
[215] FARIA COSTA, José de, *ob. cit.*, [n.210], p. 466 s.

de interação que resultará, observados os critérios de legitimidade, na opção por uma ou outra, ou, até mesmo, por nenhuma delas. Por outro lado, e é isso o que deve aqui ficar bastante claro, mesmo tendo preenchido os critérios materiais de entrada em ambos os espaços de juridicidade, e estando, por isso, à disposição do legislador, não há, aqui, uma relação de identidade. Uma leitura a partir da relação onto-antropológica de cuidado-de-perigo permite perceber que a opção por uma ilicitude penal ou administrativa, corresponde, simultaneamente, a uma opção por ordens jurídicas que se refratam em um nível normativo diferenciado, com conseqüências próprias, e nas quais as condutas serão submetidas a uma forte diferenciação de orientação teleológica.

Identificadas tais particularidades normativas e seus pressupostos, resta-nos, a partir daí, perguntar sobre os requisitos materiais de legitimidade específicos do ilícito penal, de modo a precisar, com mais atenção, a linha limítrofe de expressão válida deste específico espaço de juridicidade.

4. Resultado e ilícito penal. A possibilidade de adensamento do critério material através da noção de *ofensa a bens jurídico-penais*.

A distinção entre o ilícito administrativo e o ilícito penal ganha contornos próprios quando observada a partir do olhar interessado do direito penal. Não tanto aquilo que o ilícito administrativo ou de mera ordenação social pode constituir em âmbito administrativo, logo, não-penal, mas aquilo que o ilícito penal possui de particular é que, ao nosso sentir, confere a grande valia da discussão nos dias de hoje, quer em âmbito dogmático, quer em âmbito político-criminal. Não querendo, por certo, menosprezar a importância sobre o conteúdo e, daí também, a conformação possível das regras de mera ordenação, o que está fora de questão, devemos desde já observar que, quanto a nós, o problema relativo à existência de um critério qualitativo de distinção entre o penal e o administrativo alcança atualidade e relevo, em primeiro lugar, enquanto pergunta acerca dos limites materiais do direito penal, sobre a identidade do ilícito penal e, assim, também sobre as condições indispensáveis para que uma determinada conduta seja elevada à condição de ilícito criminal, delimitando, por conseqüência, aquilo que não é suscetível de criminalização, mas não insuscetível de tutela por outros instrumentos estatais, como, *in casu*, o direito administrativo sancionador. É, pois, a partir deste assumido interesse que avançamos as considerações que seguem.

Como temos em outras ocasiões referido e, por tudo até aqui exposto, já é possível auferir – diferentemente de uma certa tendência funcionalista que busca entender e explicar o direito penal a partir das conseqüências jurídicas da sanção criminal –, no seguimento de Faria Costa, uma concepção onto-antropológica a qual toma o direito penal a partir do objeto da norma, do ilícito (*Unrecht*), e que, por conseguinte, conduz a um processo de fundamentação e legitimação muito diverso daquele presente nas correntes de tom funcionalista.[216] Essa concepção ontológica do direito penal, que é percebida e recepcionada juridicamente através do *modelo de crime como ofensa a bens jurídico-penais*, não só (a) atribui ao ilícito uma *posição privilegiada* na estrutura dogmática do crime, eis que portador, por excelência, do juízo de desvalor da infração enquanto elemento capaz de traduzir para além da intencionalidade normativa, também à própria função do direito penal,[217] como (b) propõe a noção de *ofensa a bens jurídicos*, a noção de *resultado jurídico* como a pedra angular do ilícito-típico.[218]

Daí a afirmação forte de que *não há crime (legítimo) sem ofensa a um bem jurídico-penal*.[219] Proposição que pretende, para além de ex-

---

[216] Sobre a concepção onto-antropológica de direito penal, ver, dentre outros trabalhos, FARIA COSTA, José de, *ob. cit.*, [n.210], *passim*; também, do mesmo autor, *Ilícito típico, resultado e hermenêutica. Ou o retorno à limpidez do essencial*, Seminário internacional de Direito Penal, Universidade Lusíada, Lisboa: Universidade Lusíada, março de 2000, *passim*; D'AVILA, Fabio Roberto, *ob. cit.*, [n.189], *passim*; e, ainda, "Ontologismo e ilícito penal. Algumas linhas para uma fundamentação onto-antropológica do direito penal". In: *Novos Rumos do Direito Penal Contemporâneo. Livro em Homenagem ao Prof. Dr. Cezar Roberto Bitencourt*, org. por Andrei Zenkner Schmidt, Rio de Janeiro: Lumen Juris, 2006.

[217] No que tange ao ilícito, ver FIGUEIREDO DIAS, Jorge de, *Temas básicos da doutrina penal. Sobre os fundamentos da doutrina penal. Sobre a doutrina geral do crime*, Coimbra: Coimbra Editora, 2001, p. 223 e 220 ss. E, sobre a relação da tipicidade com a ilicitude, ver, ainda, CORREIA, Eduardo, *Direito Criminal*, vol.1, com a colaboração de Jorge de Figueiredo Dias (reimpressão), Coimbra: Almedina, 1999, p. 281; MEZGER, Edmund, *Strafrecht*, 3.ed, Berlin; München: Duncker e Humblot, 1949, p. 197.

[218] D'AVILA, Fabio Roberto, *ob. cit.*, [n.189], p. 40 ss.

[219] D'AVILA, Fabio Roberto, *ob. cit.*, [n.189], p. 46. Quanto à ressonância do princípio da ofensividade na doutrina italiana, conferir os trabalhos de MANTOVANI, Ferrando, *Diritto penale*.

pressar um inequívoco ideário político-ideológico, assumir-se como formulação principalmente constitucional. Resultado, é verdade, de uma compreensão político-ideológica estabelecida nos ideais de um Estado laico, liberal, tolerante, pluralista e multicultural, comprometido com a dignidade humana e com o reconhecimento de direitos fundamentais,[220] mas que, ao nosso sentir, corresponde, com exatidão, ao Modelo de Estado proposto pela Constituição Federal de 1988. E não só. Uma exigência constitucional de ofensividade parece possível de ser percebida tanto em um espaço exclusivamente principiológico, como no âmbito das denominadas normas constitucionais de "caráter duplo" (*Doppelcharakter*),[221] entre as quais, *v.g.*, a própria norma constitucional da liberdade.

Ora, se toda incriminação resulta em uma forte limitação à liberdade de agir – a tipificação é, se bem a vemos, um processo de ponderação de bens, no qual a liberdade cede em prol da tutela de um outro valor como a vida, no homicídio; o patrimônio, no furto, etc.[222] –, esta limitação, de modo a respeitar a condição de direito constitucional fundamental do bem jurídico liberdade, deve atender a pressupostos mínimos, entre eles, a tutela exclusiva de valores dotados de nível constitucional – isto é, de valores que se encontram em uma relação de harmonia com a ordem axiológica jurídico-constitucional – e detentores de um tal conteúdo axiológico, que justifique a forte restrição à liberdade ocasionada pela incriminação. Logo, uma restrição que se faz possível somente quando indispensável para a tutela de particulares bens jurídicos, de bens jurídicos providos de uma significativa e suficiente consistência axiológica, enfim, de bens dotados de dignidade jurídico-penal.[223] Ou, de forma ainda mais cla-

---

Parte generale, 4. ed., Padova: Cedam, 2001; do mesmo autor, "Il principio di offensività tra dogmatica e politica criminale". In: *Il Diritto Penale alla Svolta di Fine Millenio*, org. por Stefano Canestrari, Torino: Giappichelli, 1998; MARINUCCI, Giorgio; DOLCINI, Emilio, *Corso di Diritto Penale. Le norme penali: fonti e limiti di applicabilità. Il reato: nozione, struttura e sistematica*, vol.1, 3ª ed., Milano: Giuffrè, 2001.

[220] MARINUCCI, Giorgio; DOLCINI, Emilio, *ob. cit.*, [n.220], p. 449 ss. e, principalmente, 452.

[221] Como normas de caráter duplo entendem-se aquelas que possuem existência, simultaneamente, como regra e princípio (ALEXY, Robert, *Theorie der Grundrechte*, Baden-Baden: Suhrkamp, 1994, p. 17). Sobre a distinção entre regras e princípios, ver CANOTILHO, José Joaquim Gomes, *Direito Constitucional e teoria da Constituição*, 5ª ed., Coimbra: Almedina, 2002, p. 1114 s. e 1239; ALEXY, Robert, *Theorie*, p. 75 ss.

[222] Também assim, ALEXY, Robert, *ob. cit.*, [n.222], p. 296 ss.

[223] Assim, FIGUEIREDO DIAS, Jorge de, *ob. cit.*, [n.211], p. 114 s. Vale sempre lembrar a precisa anotação de Canotilho e Vital Moreira, à luz do texto constitucional português, de que "a lei só pode restringir os direitos, liberdades e garantias nos casos expressamente previstos na Cons-

ra: a liberdade, enquanto valor constitucional fundamental, somente pode ser restringida quando o seu exercício implicar a ofensa de outro bem em harmonia com a ordem axiológico-constitucional.[224] Meros interesses administrativos insuscetíveis de configurar um bem jurídico-penal estariam, de pronto, e por estas mesmas razões, totalmente excluídos da possibilidade de constituir substrato suficiente para o surgimento de uma qualquer incriminação.[225]

Mas, se isso é assim, se a exigência de ofensividade é uma imposição constitucional de legitimidade, dois níveis de valoração se fazem necessários para a verificação e aceitação de um ilícito-típico em âmbito criminal. Um primeiro nível, no qual será verificada a existência de um bem jurídico-penal como objeto de proteção da norma. E um segundo nível, no qual se irá verificar a existência de ofensividade, como resultado (jurídico) da relação entre a conduta típica e o objeto de tutela da norma. Não basta o reconhecimento de um bem jurídico dotado de dignidade penal como objeto de tutela da norma, mas é também necessário que esse mesmo bem jurídico tenha sofrido, no caso concreto, um dano/violação – ofensa própria dos crimes de dano –, ou um perigo/violação, nas formas de concreto pôr-em-perigo e cuidado-de-perigo – formas de ofensa exigidas, respectivamente, nos crimes de perigo concreto e nos crimes de perigo abstrato –.[226] Critérios que, ao nosso sentir, muito têm a nos dizer sobre a diferenciação entre os ilícitos penal e administrativo.

4.1. Bem jurídico-penal

A começar pela noção de bem jurídico-penal, a primeira pergunta que nos devemos fazer é se, de fato, tal categoria está, essencialmente, *sempre* presente tanto no ilícito penal, quanto no ilícito administrativo.

---

tituição, devendo as restrições limitar-se ao necessário para salvaguardar outros direitos ou interesses constitucionalmente protegidos" (CANOTILHO, José Joaquim Gomes; MOREIRA, Vital, *Constituição da República Portuguesa anotada*, 3ª ed., Coimbra: Coimbra Ed., 1993, p. 151).

[224] No exato sentido do texto, MARINUCCI, Giorgio; DOLCINI, Emilio, *ob. cit.*, [n.220], p. 489.

[225] Para um maior aprofundamento sobre os fundamentos constitucionais e infraconstitucionais da ofensividade, ver D'AVILA, Fabio Roberto, *ob. cit.*, [n.189], p. 63 ss.

[226] Estamos a nos valer aqui da tipologia de ofensa desenvolvida por Faria Costa: dano/violação e perigo/violação, esta subdividida em concreto pôr-em-perigo e cuidado-de-perigo (FARIA COSTA, José de, *ob. cit.*, [n.210], p. 644 ss.).

Como vimos, ao contrário das antigas elaborações que tinham aqui a precisa diferença entre o administrativo e o penal, fala-se hoje de uma característica comum. Não só o ilícito penal, mas também o ilícito de mera ordenação social tutelam bens jurídicos. Porém, do que agora estamos aqui a falar não é de bens jurídicos "apenas", e sim de *bens jurídico-penais* que, enquanto categoria, detêm uma série de requisitos próprios para o seu reconhecimento. Daí a necessidade de recolocarmos a pergunta. Afinal, afirmar a existência da tutela de bens jurídicos também em âmbito administrativo, parece-nos inquestionável. Até aqui não vemos problema algum. Afirmar que todo e qualquer ilícito administrativo, sem exceção, tutela bens jurídicos, temos, por outro lado, que só pode ser admitido a partir de um conceito demasiado amplo de bem jurídico, mas é, ainda assim, em certa medida, e levando em consideração as conseqüências de um tal conceito em âmbito não-penal, aceitável – muito embora, e definitivamente, não seja esta a nossa forma de ver as coisas –. Entretanto daí a sustentar que todo e qualquer ilícito administrativo possui como objeto de tutela um bem jurídico-penal, ou, mais propriamente, um bem jurídico essencialmente equivalente àquilo que, em direito penal, entende-se por bem jurídico-penal, é, quanto a nós, inadmissível. De que haja ilícitos de mera ordenação que tutelam valores equivalentes à categoria de bem jurídico-penal, não há dúvida. Agora, que esta seja uma característica presente em todo e qualquer ilícito de natureza administrativa, é, ao nossos olhos, totalmente insustentável, sem que, para isso, tenhamos que admitir uma insuportável abertura da categoria de bem jurídico-penal, com sérias conseqüências, sublinhe-se, sérias conseqüências para a sua pretendida função crítica.

O bem jurídico-penal, como bem leciona Figueiredo Dias,[227] além de manter uma relação de analogia material com a Constituição, nos termos já expostos, e de reivindicar um intenso juízo de necessidade de tutela para legitimar a intervenção jurídico-penal, consiste em uma noção trans-sistemática, não-imanente ao sistema, de modo a tornar possível a sua pretensão de servir como padrão crítico de criminalização. Mas não só. Ele deve possuir uma consistência axiológica que permita, a partir daí, um processo de concretização, de corporificação, indispensável à análise da ofensa e, por

---

[227] FIGUEIREDO DIAS, Jorge de, *ob. cit.*, [n.211], p. 111 s.

seu turno, também ao sucesso da referida função crítica.[228] Condições que, vale salientar, devem coexistir, de forma necessária, para o reconhecimento de um valor como *bem jurídico-penal*.

Contudo, não nos parece, sinceramente, que este seja o caso da totalidade dos interesses postos em tutela por normas de mera ordenação social. É indiscutível, vale reiterar, que há normas sancionadoras de natureza administrativa que tutelam bens jurídicos dentro dos pressupostos supra-referidos, com exceção, por óbvio, da necessidade de tutela penal. Mas querer disso concluir que o ilícito administrativo, sem exceção, protege valores dessa natureza, já não podemos concordar. Não vemos como meros interesses administrativos ou elementos de facilitação do trabalho da administração pública possam corresponder, sem mais, às exigentes regras para o reconhecimento de um bem jurídico-penal. É claro que esses interesses podem e até devem estar relacionados a determinados valores, uma vez que a tutela de bens jurídicos consiste em "um dos fins últimos e primaciais da ordem jurídica global".[229] Mas isso, por si só, nada diz – pelo contrário, se partimos daí, na precisa observação de Faria Costa, indiferenciamos "não só o direito penal e o 'direito de mera ordenação social', mas também indiferenciamos praticamente todo o direito"[230] –. Para que possamos traçar linhas de equivalência com a tutela de bens jurídicos oferecida pelo direito penal, esta relação não só não pode ser construída de forma muito mediata, como não deve ter um caráter promocional que, embora absolutamente estranho aos quadros do direito penal, surge como possível e, até mesmo, adequado em âmbito administrativo, em razão da intencionalidade político-jurídica que lhe é própria. Esta nos parece ser, *v.g.*, a hipótese das regras administrativas que regulamentam o estacionamento de veículos (art. 181 do Código de Trânsito Brasileiro, CTB). Trata-se de normas que, diferentemente do que afirma Roxin, não tanto a conservação do valor "livre comércio e movimentação", aqui demasiadamente distante, mas a promoção do ideal em termos de circulação de veículos e organização viária buscam alcançar.[231]

---

[228] Ver, sobre a concretização de bens coletivos, MARINUCCI, Giorgio; DOLCINI, Emilio, *ob. cit.*, [n.220], p. 543 ss.
[229] FARIA COSTA, José de, *ob. cit.*, [n.210], p. 466, nota 238.
[230] FARIA COSTA, José de, *ob. cit.*, [n.210], p. 467, nota 238.
[231] Argumento que, entre nós, se vê reforçado, ao considerar que a legislação de trânsito já prevê, autonomamente, a infração de bloqueio de via com veículo (art. 253 do CNT).

Ou seja, nada mais que uma hipótese clara de uma relação de cuidado-de-perigo de segundo grau. O que, ainda a título de ilustração, não se passa diferentemente nas hipóteses dos artigos 195 e 240 do CTB.[232] E, por outro lado, também não podemos reconhecer em valores demasiadamente voláteis como segurança e ordem, ou, ainda, em objetivos ideais da Administração Pública, os elementos necessários para a sua recepção como bens jurídicos legítimos. Não passam, de conceitos onicompreensivos, que tudo abarcam ou podem abarcar, e, por esta exata razão, incapazes de consubstanciar qualquer substrato material minimante crítico.

4.2. Ofensividade

À parte dos problemas relativos ao bem jurídico, uma forte crítica às distinções de natureza meramente formal-quantitativa pode, ainda, ser levada a cabo a partir da noção de ofensividade. Considerando, apenas para fins de argumentação, que não houvesse qualquer diferença em termos de objeto de tutela – ambos os ilícitos tutelariam bens jurídicos essencialmente equivalentes –, poderíamos afirmar que, em termos materiais os ilícitos seriam idênticos, diferenciando-se apenas em termos quantitativos? Em outras palavras: é exigível, em âmbito administrativo, a ocorrência de ofensividade para a legitimação do ilícito, tal qual o fizemos em relação às infrações jurídico-penais?

Aqui está, pois, um dos principais pontos de distanciamento entre as ilicitudes penal e administrativa. A ofensividade não é, e não deve ser, uma preocupação do ilícito de mera ordenação social. E mais. Embora possa haver normas que atendam a exigência de ofensividade, como, de fato, há, o caráter normalmente bagatelar e prodômico de tais ilícitos faz com que a ofensa não seja, seguramente, a regra.

Devemos observar que, quando falamos em ofensividade, estamos a referir a uma exigência de dano ou perigo ao bem jurídico-penal, assente nas formas de dano/violação, concreto pôr-em-perigo e

---

[232] Art. 195. Desobedecer às ordens emanadas da autoridade competente de trânsito ou de seus agentes: Infração – grave; Penalidade – multa. Art. 240. Deixar o responsável de promover a baixa do registro de veículo irrecuperável ou definitivamente desmontado: Infração – grave; Penalidade – multa; Medida administrativa – Recolhimento do Certificado de Registro e do Certificado de Licenciamento Anual.

cuidado-de-perigo, e tendo como categoria-limite de ofensividade, a noção material de cuidado-de-perigo. A ofensa de cuidado-de-perigo, tal qual a concebemos, consiste em uma hipótese de ofensividade que deve ser exigida e acertada no âmbito dos denominados crimes de perigo abstrato, de modo a sobrepor-se a leituras meramente formais, em termos de simples desobediência – hoje, por tudo já exposto, constitucionalmente inadmissíveis –,[233] e a permitir uma importante recuperação hermenêutica da correspondente técnica de tipificação.[234] Trata-se, em termos substanciais, de uma *interferência, jurídico-penalmente desvaliosa, na esfera de manifestação do bem jurídico*, capaz de representar uma concreta *situação de desvalor*, e, conseqüentemente, consubstanciar um verdadeiro *resultado jurídico*.[235] Concepção que é verificada, no caso concreto, através de um juízo *ex ante*, de *base total*, e mediante um critério *objetivo-normativo*, nomeadamente, uma *possibilidade, não-insignificante, de dano ao bem jurídico*.[236] Logo, em poucas palavras, sem ao menos uma possibili-

---

[233] É sempre oportuno lembrar que, segundo a teoria tradicional, os crimes de perigo abstrato consistem em hipóteses de perigo presumido, *juris et de jure*, nos quais basta a mera correspondência formal do fato com a descrição típica. Contra esta compreensão – ao nosso sentir, claramente inconstitucional –, são muitas as vozes que se levantam na doutrina especializada, dando origem a diferentes tentativas de (re)construção do ilícito-típico de perigo abstrato. Ver, em especial, os trabalhos de SCHRÖDER, Horst, "Die Gefährdungsdelikte im Strafrecht", *ZStW*, 81 (1969), p. 7 ss.; GALLAS, Wilhelm, "Abstrakte und konkrete Gefährdung". In: *Festschrift für Ernst Heinitz zum 70. Geburtstag*, Berlin: Walter de Gruyter, 1972; WOLTER, Jürgen, *Objektive und personale Zurechnung von Verhalten, Gefahr und Verletzung in einem funktionalen Straftatsystem*, Berlin: Duncker & Humblot, 1981; MARTIN, Jörg, *Strafbarkeit grenzüberschreitender Umweltbeeinträchtigungen. Zugleich ein Beitrag zur Gefährdungsdogmatik und zum Umweltvölkerrecht*, Freiburg i. Br.: Max-Planck-Inst. für Auslän. u. Internat. Strafrecht, 1989; MEYER, Andreas H., *Die Gefährlichkeitsdelikte. Ein Beitrag zur Dogmatik der "abstrakten Gefährdungsdelikte" unter besonderer Berücksichtigung des Verfassungsrechts*, Münster; Hamburg: Lit, 1992; HIRSCH, Hans Joachim, "Gefahr und Gefährlichkeit". In: *Strafgerechtigkeit, Festschrift für Arthur Kaufmann zum 70. Geburtstag*, Heidelberg: C. F. Müller, 1993; ZIESCHANG, Frank, *Die Gefährdungsdelikte*, Berlin: Duncker & Humblot, 1998; MENDOZA BUERGO, Blanca, *Límites dogmáticos y políticos-criminales de los delitos de peligro abstracto*, Granada: Comares, 2001.

[234] No que tange à importância político-criminal dos crimes de perigo abstrato enquanto técnica de tipificação, no atual momento das ciências penais, ver GRASSO, Giovanni, "L'anticipazione della tutela penale: i reati di pericolo e reati di attentato", *RIDirPP*, 1986, p. 718; MARINUCCI, Giorgio, "Relazione di sintesi". In: *Bene giuridico e riforma della parte speciale*, org. por Afonso M. Stile, Napoli: Jovene, 1985, p. 361; SCHMIDT, Jürgen, *Untersuchung zur Dogmatik und zum Abstraktionsgrad abstrakter Gefährdungsdelikte. Zugleich ein Beitrag zur Rechtsgutslehre*, Marburg: Elwert Verlag, 1999, p. 1.

[235] Também reivindicando um efetivo desvalor de resultado nos crimes de perigo abstrato, WOLTER, Jürgen, *ob. cit.*, [n.234], p. 356; MARTIN, Jörg, *ob. cit.*, [n.234], p. 83 ss.

[236] Sobre a compreensão material da ofensa de cuidado-de-perigo e seu acertamento, ver D'AVILA, Fabio Roberto, *ob. cit.*, [n.189], 159 s.

dade, não-insignificante, de dano ao objeto jurídico da norma, sem ao menos uma ofensa de cuidado-de-perigo, não podemos reconhecer a ocorrência de um legítimo ilícito penal.

Uma tal exigência de ofensividade é, todavia, como já referimos, estranha ao espaço de discursividade próprio do direito administrativo sancionador. E, se isso é certo, fácil é de perceber a sua importância como mais um significativo elemento a indicar a existência de linhas materiais de distinção entre o penal e o administrativo. E não só. Também, e principalmente, a delimitar, de forma intensa, o espaço próprio, embora nem sempre exclusivo, da intervenção jurídico-criminal. Através da ofensividade torna-se possível não apenas reconhecer a existência de infrações que são insuscetíveis de serem recepcionadas, de forma válida, nos quadros das normas penais – exercendo, assim, uma função de orientação legislativa –, como reivindicar, em incriminações já existentes, uma hermenêutica atenta à sua condição de pressuposto constitucional de legitimidade.

Normas de trânsito de natureza pedagógica, na linha das denominadas "ações em massa" (*Massenhandlungen*), são, por esse exato motivo, impossíveis de ser implementadas pelo direito penal, conquanto possam encontrar perfeita recepção no espaço das infrações de mera ordenação social. Como bem reconhece Jürgen Schmidt, nas "ações em massa" (*Massenhandlungen*), o questionamento sobre a existência de ofensa ao bem jurídico é irrelevante, na medida em que a sua razão de ser reside em interesses de política criminal, direcionados à obtenção de padrões comportamentais.[237] São normas didáticas de cunho pedagógico, nas quais, falar em ofensividade poderia até mesmo prejudicar os seus objetivos educacionais, a sua pretensão de tabu. Logo normas que, em uma construção como a nossa, diferentemente do tratamento que lhes é dado por significativa doutrina alemã,[238] estariam adstritas, sem qualquer exceção, aos limites do direito administrativo sancionador.

O mesmo deve ser dito, *v.g.*, acerca do porte ilegal de arma de fogo desmuniciada, cuja munição não esteja prontamente acessível – o que, aliás, já foi assim considerado pelo Supremo Tribunal Fede-

---

[237] SCHMIDT, Jürgen, *ob. cit.*, [n.235], p. 8.

[238] Para Roxin, *v.g.*, a punibilidade de tais condutas está justificada por razões de prevenção geral positiva (ROXIN, Claus, *ob. cit.*, [n.203], p. 430). Também, SCHÜNEMANN, Bernd, "Moderne Tendenzen in der Dogmatik der Fahrlässigkeits- und Gefährdungsdelikte", *JA*, 1975, p. 798; WOLTER, Jürgen, *ob. cit.*, [n.234], p. 319 s.

ral, no RHC 81057 –, ou de acessórios (art. 14 da Lei 10.826/2003), bem como da posse irregular de arma de fogo ou acessórios em residência (art. 12 da Lei 10.826/2003), sempre que, diante das circunstâncias concretas do caso, não for possível afirmar sequer uma possibilidade, não-insignificante, de dano ao bem jurídico. Na ausência de uma ofensa ao objeto jurídico de proteção da norma, não nos resta alternativa senão reconhecer que tais fatos não possuem substrato material suficiente para originar uma reprovação jurídico-criminal, o que, porém, não significa afirmar a sua irrelevância em termos de desvalor ético-social ou impossibilidade de censura, mas apenas que este juízo e as suas conseqüências devem advir de um espaço de regulamentação não-penal, nomeadamente, do direito administrativo sancionador.

Por fim, e para ficarmos apenas com algumas hipóteses particularmente ilustrativas, podemos referir o parágrafo único, do art. 304 do CTB, segundo o qual a punição por omissão de socorro deve impor-se mesmo quando a vítima sofra morte instantânea. Partindo-se do pressuposto, no seguimento de significativa doutrina, de que o bem jurídico no crime de omissão de socorro são os bens pessoais vida, integridade física, saúde humana, etc., expostos a perigo[239] – e não o mero dever de solidariedade, o que, por uma irremediável equivalência entre os valores informativos do dever e do bem jurídico, tornaria o ilícito-típico em questão em um crime de mera desobediência[240] –, não é possível, evidentemente, reconhecer qualquer hipótese de ofensividade, estando a vítima instantaneamente morta. O que, no entanto, pode receber tratamento jurídico diverso nos quadros da normatividade jurídico-administrativa.

---

[239] Ver, entre nós, BITENCOURT, Cezar Roberto, *Manual de Direito Penal. Parte especial*, vol.2, 2ª ed., São Paulo: Saraiva, 2002, p. 284 s.; na doutrina portuguesa, CARVALHO, Américo Taipa de, *Comentário conimbricense do Código Penal, Parte especial*, tomo I, org. por Jorge de Figueiredo Dias, Coimbra: Coimbra Editora, 1999, p. 846 ss.; na doutrina alemã, CRAMER, Peter; STERNBERG-LIEBEN, Detlev. In: SCHÖNKE/SCHRÖDER, *Strafgesetzbuch Kommentar*, 26ª ed., München: C.H. Beck, 2001, p. 2468; na doutrina italiana, MARINUCCI, Giorgio; DOLCINI, Emilio, *ob. cit.*, [n.220], p. 607 s.; e na doutrina espanhola, HUERTA TOCILDO, Susana, *Principales novedades de los delitos de omisión en el Codigo Penal de 1995*, Valencia: Tirant lo Blanch, 1997, p. 77 s.

[240] Para uma análise da ofensividade no crime de omissão de socorro, ver D'AVILA, Fabio Roberto, *ob. cit.*, [n.189], 338 ss.

5. Considerações finais

De tudo que foi até então exposto, acreditamos ser possível concluir que a relação entre o direito penal e o direito sancionador de natureza administrativa, quando considerada a partir do modelo de crime como ofensa ao bem jurídico, perfaz-se em diferentes espaços normativos, entre os quais, ora objeto do nosso interesse, estão o primeiro e o segundo: (a) o primeiro espaço normativo, vedado ao direito penal, em razão do não atendimento da exigência de ofensa a um bem jurídico-penal, estaria restrito à regulamentação administrativa; (b) o segundo, formado por fatos detentores de ofensividade, representaria um âmbito de intervenção possível tanto ao direito penal, quanto ao direito administrativo, no qual a forma de intervenção a ser aplicada deverá ser orientada pelos demais princípios de direito e pelos interesses de política criminal, e no qual viria ponderado o aspecto quantitativo. E (c), por fim, haveria ainda um terceiro âmbito – que, pela brevidade deste estudo, não tivemos a oportunidade de considerar –, aquele que diz respeito ao espaço de tutela exclusiva do direito penal, o qual tem sido denominado, na doutrina alemã, de "âmbito nuclear do direito penal", vedado a uma tutela meramente administrativa, e que, todavia, vai aqui referido apenas para fins de sistematização.

À luz de tal orientação, o acento distintivo entre o ilícito penal e o ilícito administrativo sancionador (ou de mera ordenação social) passa a incidir não mais em uma diferença meramente quantitativa, mas *qualitativa*, estabelecida em uma diferente refração normativa da relação onto-antropológica de cuidado-de-perigo, que, em âmbito jurídico-penal, encontra densidade na *exigência (constitucional) de ofensa a um bem jurídico-penal*. É, pois, a ofensa a um bem jurídico-penal a fronteira infranqueável de um direito penal legítimo, na qual, ainda hoje, é possível creditar as linhas fortes de sua identidade.

V – Ofensividade e ilícito penal ambiental*

1. Meio ambiente e o modelo de crime como ofensa a bens jurídicos. Breves considerações

A compreensão do direito penal como instrumento de proteção subsidiária de bens jurídicos, conquanto reiteradamente posta em questão, tem se afirmado ao longo dos anos, em inúmeros espaços de juridicidade, como um dos mais importantes legados do pensamento penal liberal.[241] Expressão de um direito penal laico, tolerante, erigido a partir da dignidade da pessoa humana e atento às garantias e liberdades fundamentais.[242] Uma compreensão de direito penal que se projeta, dogmaticamente, a partir de uma concepção de ilícito estabelecida, principalmente, na ofensa ao objeto de proteção da norma penal, isto é, na noção de dano ou perigo ao bem jurídico tutelado. E, nesta exata medida, em plena oposição a compreensões autoritárias de direito penal, construídas a partir da mera violação do dever e da obediência ao Estado, em que a censura penal recai já não mais no fato, mas na figura do autor e na vontade de delinqüir, e em que o

---

* Título original: O ilícito penal nos crimes ambientais. Algumas reflexões sobre a ofensa a bens jurídico e os crimes de perigo abstrato no âmbito do direito penal ambiental.

[241] Ver ROXIN, Claus. *Strafrecht*. Allgemeiner Teil. 4. ed. München: Beck, 2006. v. 1, p. 13 ss.; JESCHECK, Hans-Heinrich; WEIGEND, Thomas. *Lehrbuch des Strafrechts*. Allgemeiner Teil. 5. ed. Berlin: Duncker & Humblot, 1996, p. 7; FIGUEIREDO DIAS, Jorge de. *Direito penal*. Parte geral. Coimbra: Coimbra Ed., 2004, p. 109 ss.; MARINUCCI, Giorgio; DOLCINI, Emilio. *Corso di Diritto Penale*. 3. ed. Milano: Giuffrè, 2001. v. 1, passim; MIR PUIG, Santiago. Bien jurídico y bien jurídico-penal como límites del *Ius puniendi*. *Estudos penales y criminológicos*, 14. Univ. de Santiago de Compostela, 1991, p. 205 ss.

[242] MARINUCCI, Giorgio; DOLCINI, Emilio. *Corso di Diritto Penale*. 3. ed. Milano: Giuffrè, 2001. v. 1, nota 242, p. 449 ss. e, principalmente, p. 452.

ilícito penal, expresso no formalismo da mera desobediência aos interesses do Estado, torna-se nada mais que um puro ato de rebelião.[243]

Este modo de pensar o direito penal, contudo, possui um custo significativo em relação às pretensões político-criminais do Estado: nem tudo pode ser objeto de incriminação. E isso independentemente de se tratar ou não de condutas cuja proibição atenderia a interesses político-criminais de prevenção geral positiva. Em verdade, a estrita observância ao modelo de crime como ofensa ao bem jurídico restringe de forma significativa – para muitos, até mesmo demasiada – o âmbito das condutas sancionáveis pelo Estado, através da imposição não só de limites ao *objeto de tutela* da norma, como também à *técnica de tutela* desse mesmo objeto, mediante a proposição de dois momentos diferentes, embora intimamente imbricados, de análise da legitimidade do ilícito-típico. Primeiro, *(a)* se há um bem jurídico dotado de dignidade penal como objeto de proteção da norma. Análise que, por certo, para ter alguma utilidade crítica, deve, ao contrário das teorias metodológicas, partir de uma noção de bem jurídico cujo conteúdo, além de estar em harmonia com a ordem axiológico-constitucional, seja trans-sistemático em relação à ordem jurídica e concretizável em realidades suscetíveis de viabilizar uma posterior análise de ofensividade.[244] E, segundo, *(b)* se há, no caso concreto, uma efetiva ofensa ao bem jurídico tutelado, tradicionalmente percebida através da verificação de um dano ou perigo ao objeto de proteção da norma. Dito de outra forma, para a legitimidade do ilícito-típico não basta a constatação de um bem jurídico-penal como objeto de tutela da norma. É igualmente necessário um segundo momento, muitas vezes descuidado pela doutrina, em que se busca averiguar a existência de ofensividade,[245] através

---

[243] Ver D'AVILA, Fabio Roberto. O modelo de crime como ofensa ao bem jurídico. Elementos para a legitimação do direito penal secundário. *Direito penal secundário*. Escritos em homenagem à Faculdade de Direito da Universidade de Coimbra. Fabio Roberto D'Avila e Paulo Vinícius Sporleder de Souza (Orgs.). São Paulo: RT, 2006, p. 71 ss.; MARINUCCI, Giorgio; DOLCINI, Emilio. *Corso di Diritto Penale*. 3. ed. Milano: Giuffrè, 2001. v. 1, nota 242, p. 438; BRICOLA, Franco. Teoria generale del reato. *Scritti di Diritto Penale*. Stefano Canestrari und Alessandro Melchionda (Orgs.). Milano: Giuffrè, 1997. v. 1, p. 608 ss.; GÜNTHER, Klaus. Von der Rechts- zur Pflichtverletzung. Ein "Paradigmawechsel" im Strafrecht? *Vom unmöglichen Zustand des Strafrechts*. Frankfurt am Main: Peter Lang, 1995, p. 452 s.

[244] Sobre os pressupostos para o reconhecimento do "bem jurídico-penal", ver FIGUEIREDO DIAS, Jorge de. *Direito penal*. Parte geral. Coimbra: Coimbra Ed., 2004., nota 242, p. 111 ss.

[245] Embora a noção de ofensividade remonte ao princípio latino *nullum crimen sine iniuria*, já não encontra estrita correspondência com denominado princípio da lesividade. Em sua atual forma, resultado de inúmeros contributos jurídicos, em especial da doutrina italiana, a ofen-

da consideração dos efeitos da conduta sobre o bem jurídico, e que, à luz dos diferentes graus de afetação, faz surgir, igualmente, diferentes técnicas de tutela.[246] Afinal, reconhecer o direito penal como instrumento de tutela de bens jurídicos e, ao mesmo tempo, menosprezar a dimensão correspondente à ofensa desses mesmos bens, satisfazendo-se, assim, com ilícitos penais meramente referenciados a um determinado bem jurídico, é o mesmo que afirmar que, para a proteção de bens jurídicos, devemos proibir condutas não ofensivas a bens jurídicos. O que, quanto a nós, para além de consistir em um claro equívoco metodológico, conduz a uma efetiva subversão da lógica crítico-garantista que deve perpassar a noção jurídico-penal de tutela de bens jurídico.[247]

O direito penal ambiental, entretanto, parece tomar uma outra direção. Impulsionado, de um lado, pela pretensão de oferecer uma ampla tutela aos bens jurídicos ambientais e, de outro, por dificuldades dogmáticas, muitas vezes insuperáveis, de verificação causal dos danos que, não raramente, se perde na multiplicidade e cumulatividade de fatores,[248] no tempo diferido, na incerteza sobre a própria relação causa-efeito ou em danos transfronteiriços, o direito penal ambiental tem sido marcado por uma forte antecipação da tutela, na qual o demasiado distanciamento entre a conduta e o objeto de proteção da norma tem favorecido, significativamente, a formulação de tipos de ilícito meramente formais, nos quais a violação do dever passa a ocupar o espaço tradicionalmente atribuído à ofensividade.[249] Daí não surpreender o grande número de crimes de perigo

---

sividade compreende não só a lesão, mas também o perigo de lesão a bens jurídico-penais. A lesão (dano) e o perigo, enquanto resultados prejudiciais ao bem jurídico e proibidos pela norma penal, são, nesta medida, formas de ofensividade.

[246] Sobre a questão, ver D'AVILA, Fabio Roberto. Direito penal e direito sancionador. Sobre a identidade do direito penal em tempos de indiferença. *RBCCr*, 60. São Paulo: RT, 2006, p. 23 ss.

[247] Nesse sentido, FARIA COSTA, José de. *O perigo em direito penal*. Contributo para a sua fundamentação e compreensão dogmáticas. Coimbra: Coimbra Ed., 1992, p. 621; KINDHÄUSER, Urs. *Gefährdung als Strafrecht*. Rechtstheoretische Untersuchungen zur Dogmatik der abstrakten und konkreten Gefährdungsdelikte, Frankfurt am Main: Klostermann, 1989, p. 168.

[248] Ver DAXENBERGER, Matthias. *Kumulationseffekte*. Grenzen der Erfolgszurechnung im Umweltstrafrecht, Baden-Baden: Nomos, 1997.

[249] Ver FIGUEIREDO DIAS, Jorge de. *Sobre a tutela jurídico-penal do ambiente*. Um quarto de século depois: Estudos em homenagem a Cunha Rodrigues. Coimbra: Coimbra Ed., 2001. v. 1, p. 380.

abstrato e dos denominados crimes de acumulação, no âmbito do direito penal ambiental.[250]

Esta constatação, que expõe o direito penal como um espaço de acentuada tensão entre os interesses político-criminais de prevenção geral, as dificuldades de proteção decorrentes das especificidades dos bens jurídicos em questão e as exigências, ao nosso entender constitucionais,[251] de legitimidade material do ilícito, leva-nos a refletir sobre as possibilidades de reconhecimento das técnicas de tutela concernente, principalmente, aos crimes de perigo abstrato e aos crimes de acumulação como técnicas de tutela penal legítimas e, portanto, por decorrência lógica, sobre a legitimidade de grande parte da legislação penal ambiental, hoje em vigor em diversos países, entre os quais o Brasil e a Alemanha. E é exatamente esta reflexão que pretendemos desenvolver, mesmo que de forma muito breve, nas linhas que seguem.

2. Crimes de perigo abstrato e ofensa de cuidado-de-perigo. Sobre os limites da noção jurídico-penal de ofensividade

Não nos importa aqui fazer uma revisão das inúmeras tentativas doutrinárias no sentido de recuperar o conteúdo do ilícito no âmbito dos crimes de perigo abstrato, eis que, por certo, não é este o espaço adequado a tanto.[252] Mais vale registrar a já antiga preocupação da literatura especializada[253] com a tradicional, e ainda hoje ma-

---

[250] ARZT, Gunther; WEBER, Ulrich. *Strafrecht*. Besonderer Teil. Lehrbuch. Bielefeld: Gieseking, 2000, p. 885; TRIFFTERER, Otto, *Umweltstrafrecht*. Einführung und Stellungnahme zum Gesetz zur Bekämpfung der Umweltkriminalität, Baden Baden: Nomos, 1980, p. 35 s.; FIANDACA, Giovanni. La tipizzazione del pericolo. *Dei delitte e delle pene*, 3, 1984, p. 458 ss.; FREITAS, Gilberto Passos de. *Ilícito penal ambiental e reparação do dano*. São Paulo: RT, 2005, p. 121 s.

[251] D'AVILA, Fabio Roberto. Ofensividade e crimes omissivos próprios. Contributo à compreensão do crime como ofensa a bens jurídicos. *Stvdia Ivridica*, n. 85. Coimbra: Coimbra Ed., 2005, p. 63 ss.

[252] Para um panorama das diferentes propostas de recuperação do ilícito nos crimes de perigo abstrato, ver D'AVILA, Fabio Roberto. Ofensividade e crimes omissivos próprios. Contributo à compreensão do crime como ofensa a bens jurídicos. *Stvdia Ivridica*, n. 85. Coimbra: Coimbra Ed., 2005, p. 112 ss.

[253] Entre outros, RABL, Kurt O.. *Der Gefährdungsvorsatz*. Breslau-Neukirche, 1933, p. 19 s.; SCHRÖDER, Horst. Die Gefährdungsdelikte im Strafrecht. ZStW, 81, 1969, p. 15; WOLTER, Jürgen. *Objektive und personale Zurechnung von Verhalten*. Gefahr und Verletzung in einem

joritária, leitura dos crimes de perigo abstrato em termos meramente formais, em que o perigo geral da conduta é apenas elemento de motivação legislativa, não exercendo nenhum papel em âmbito hermenêutico-aplicativo, senão o de uma presunção de perigo *juris et de jure*,[254] materialmente vazia. Preocupação que, se nem sempre exitosa em suas propostas, ao menos já deixa antever, como há tempo já observava Schröder, uma notável mudança na percepção dos crimes de perigo abstrato,[255] e que, quanto a nós, permite (re)colocar uma importante questão: se, diante da técnica legislativa própria dos crimes de perigo abstrato, ainda é possível identificar, neste particular grupo de crimes, um qualquer conteúdo de ofensividade, de forma a permitir, em termos hermenêuticos, uma recuperação do conteúdo material do ilícito aplicável também em âmbito ambiental. Interrogação esta que, diga-se desde já, pode ser respondida positivamente, desde que realizadas algumas precisões dogmáticas.

Os crimes de concreto pôr-em-perigo há muito têm sido caracterizados como um situação de significativo desvalor jurídico, em razão de uma alta probabilidade de dano ao bem jurídico. Binding já falava na idéia de concreto pôr-em-perigo como uma "comoção na certeza de ser" (*Erschütterung der Daseinsgewissheit*),[256] enquanto Demuth e Gallas, de forma muito próxima, referem-se a uma "crise do bem jurídico" (*Krise des Rechtsgutes*).[257] Ou seja, para termos um con-

---

funktionalen Straftatsystem. Berlin: Duncker & Humblot, p. 278; MARTIN, Jörg. *Strafbarkeit grenzüberschreitender Umweltbeeinträchtigungen*. Zugleich ein Beitrag zur Gefährdungsdogmatik und zum Umweltvölkerrecht. Freiburg i. Br.: Max-Planck-Inst. für Ausländ. u. Internat. Strafrecht, 1989, p. 57; MEYER, Andreas. *Die Gefährlichkeitsdelikte*. Ein Beitrag zur Dogmatik der "abstrakten Gefährdungsdelikte" unter besonderer Berücksichtigung des Verfassungsrechts. Münster: Hamburg: Lit., 1992, p. 181 ff.; FIANDACA, Giovanni. La tipizzacione del pericolo. *Dei delitti e delle pene*, 3, 1984, p. 453 s.; CORCOY BIDASOLO, Mirentxu. *Delitos de peligro y protección de bienes jurídico-penales supraindividuales*. Valencia: Tirant lo Blanch, 1999, p. 34; MENDOZA BUERGO, Blanca. *Límites dogmáticos y políticos-criminales de los delitos de peligro abstracto*. Granada: Comares, 2001, p. 388 ff.

[254] BINDING, Karl. *Die Normen und ihre Übertretung*. Eine Untersuchung über die rechtmässige Handlung und die Arten des Deliktes. Normen und Strafgesetze. 3. ed. Leipzig: Felix Meiner, 1916. v. 1, p. 380.

[255] SCHRÖDER, Horst. Die Gefährdungsdelikte im Strafrecht. *ZStW*, 81, 1969, p. 15.

[256] BINDING, Karl. *Die Normen und ihre Übertretung*. Eine Untersuchung über die rechtmässige Handlung und die Arten des Deliktes. Normen und Strafgesetze. 3. ed. Leipzig: Felix Meiner, 1916. v. 1, p. 372 s.

[257] DEMUTH, Hennrich. *Der normative Gefahrbegriff*. Ein Beitrag zur Dogmatik der konkreten Gefährdungsdelikte. Bochum: Brockmeyer, 1980, p. 201 s.; GALLAS, Wilhelm. Abstrakte und konkrete Gefährdung. *Festschrift für Ernst Heinitz zum 70. Geburtstag*. Berlin: Walter de Gruyter, 1972, p. 176.

creto pôr-em-perigo, é necessário que a probabilidade de dano ao bem jurídico seja de tal forma intensa, que se torne possível falar em uma situação de "crise do bem jurídico", em uma situação em que a continuidade existencial do objeto jurídico de proteção da norma esteja seriamente ameaçada. Como exemplo, traz Roxin o caso de um condutor que, ao fazer uma ultrapassagem imprudente, apenas não se choca com o veículo que trafega em sentido contrário, em razão da destreza do outro motorista que, com sua habilidade, consegue evitar a colisão. Uma situação em que, segundo o autor, apenas por acaso, o resultado danoso não se verifica.[258] E, neste sentido, como se sabe, o reconhecimento do perigo concreto passa a exigir que o bem jurídico tenha entrado efetivamente no raio de ação da conduta perigosa,[259] o que, por sua vez, coloca a necessidade de um duplo juízo de verificação: não só um juízo *ex ante*, mas também um juízo *ex post* de alta probabilidade de dano ao bem jurídico.[260]

Contudo, não nos parece que o conteúdo de significação jurídico-penal da noção de perigo possa ser reduzido a esta única e restrita compreensão de perigo concreto. O perigo, como já no século XIX observava Rohland, possui dois elementos referenciais, a *probabilidade de um acontecer* e a *danosidade deste mesmo acontecer*.[261] Consiste, nas palavras de Faria Costa, em um "estágio em relação ao qual é legítimo prever como possível a ocorrência de um dano-violação".[262] Uma noção que, no âmbito da normatividade penal, possui efetiva autonomia como objeto real, mas que, nem por isso, deixa de ter a sua origem em uma relação de probabilidade que irá se estabelecer entre a conduta e a ocorrência de um resultado danoso. E, portanto, uma realidade normativa cuja complexidade permite

---

[258] ROXIN, Claus. *Strafrecht*. Allgemeiner Teil. 4. ed. München: Beck, 2006. v. 1, nota 242, p. 425.

[259] Assim, DEMUTH, Hennrich. *Der normative Gefahrbegriff*. Ein Beitrag zur Dogmatik der konkreten Gefährdungsdelikte. Bochum: Brockmeyer, 1980, p. 33 s.; GALLAS, Wilhelm. Abstrakte und konkrete Gefährdung. *Festschrift für Ernst Heinitz zum 70. Geburtstag*. Berlin: Walter de Gruyter, 1972, p. 180; HIRSCH, Hans Joachim. Gefahr und Gefährlichkeit. *Strafgerechtigkeit, Festschrift für Arthur Kaufmann zum 70. Geburtstag*. Heidelberg: C. F. Müller, 1993, p. 548 ss.

[260] Nesse mesmo sentido, principalmente, MARTIN, Jörg. *Strafbarkeit grenzüberschreitender Umweltbeeinträchtigungen*. Zugleich ein Beitrag zur Gefährdungsdogmatik und zum Umweltvölkerrecht. Freiburg i. Br.: Max-Planck-Inst. für Ausländ. u. Internat. Strafrecht, 1989, p. 86.

[261] ROHLAND, Woldemar von. *Die Gefahr im Strafrecht*. Dorpat; Karow. Leipzig: Hinrichs, 1888, p. 1. Sobre isso, também, FARIA COSTA, José de. *O perigo em direito penal*. Contributo para a sua fundamentação e compreensão dogmáticas. Coimbra: Coimbra Ed., 1992, p. 583 s.

[262] FARIA COSTA, José de. *O perigo em direito penal*. Contributo para a sua fundamentação e compreensão dogmáticas. Coimbra: Coimbra Ed., 1992, p. 583.

outras precisões dogmáticas, para além do perigo concreto. O que, aliás, já tem demonstrado, e bem, o surgimento de categorias de perigo intermédias, como, *v.g.*, os crimes de "perigo abstrato-concreto" (*abstrakt-konkrete Gefährdungsdelikte*),[263] os crimes de "idoneidade" (*Eignungsdelikte*)[264] e os crimes de "perigo (concreto) de produção antecipada".[265] Interessa-nos, todavia, neste momento, não as diferentes formas de perigo que são possíveis surpreender no âmbito dos crimes de perigo abstrato, mas sim o preciso *limite* da categoria de perigo e, por decorrência, também do espaço de ofensividade onde deverá se movimentar um direito penal ambiental que se quer legítimo.

Temos por certo que uma qualquer tentativa de resposta que se pretenda minimamente viável deve ter como ponto de partida a própria intencionalidade normativa que os crimes de perigo abstrato representam. E, se isso é verdade, é preciso reconhecer que os dois elementos matrizes do perigo abstrato já nos são dado. Primeiro, que, diferentemente do que ocorre no perigo concreto, eles se caracterizam pela *não-exigência de um bem jurídico no raio de ação da conduta perigosa*. O que significa dispensar o segundo juízo de verificação do perigo, o juízo *ex post*, necessário aos crimes de perigo concreto.[266] Segundo, que o perigo abstrato, enquanto forma de perigo, é necessariamente uma noção relacional, uma probabilidade de dano ao bem jurídico, e está objetivamente limitado por esta mesma relação. Elementos dos quais, como já é possível perceber, apenas um é operatório: a probabilidade de dano.

Não há dúvida, portanto, de que, se estamos a falar em probabilidade como um dos elementos matrizes da noção de perigo, sequer se cogita a sua existência, seja qual for a sua forma, se, em

---

[263] SCHRÖDER, Horst. Abstrakt-konkrete Gefährdungsdelikte? *JZ*, 1967, p. 522 ss.

[264] HOYER, Andreas. *Die Eignungsdelikte*. Berlin: Duncker und Humblot, 1987, passim; HEINE, Günter. In: SCHÖNKE/SCHRÖDER. *Strafgesetzbuch Kommentar*, 27. ed. München: Beck, 2006, p. 2.516 (Vorbem §§ 306 ss., Rn. 3).

[265] FARIA COSTA, José de. *O perigo em direito penal*. Contributo para a sua fundamentação e compreensão dogmáticas. Coimbra: Coimbra Ed., 1992, p. 641 ss., nota 175.

[266] Ver MARTIN, Jörg. *Strafbarkeit grenzüberschreitender Umweltbeeinträchtigungen*. Zugleich ein Beitrag zur Gefährdungsdogmatik und zum Umweltvölkerrecht. Freiburg i. Br.: Max-Planck-Inst. für Ausländ. u. Internat. Strafrecht, 1989, p. 86; GALLAS, Wilhelm. Abstrakte und konkrete Gefährdung. *Festschrift für Ernst Heinitz zum 70. Geburtstag*. Berlin: Walter de Gruyter, 1972, p. 180; HIRSCH, Hans Joachim. Gefahr und Gefährlichkeit. *Strafgerechtigkeit, Festschrift für Arthur Kaufmann zum 70. Geburtstag*. Heidelberg: C. F. Müller, 1993, p. 548 ss.

uma análise *ex ante*, for constatado, de pronto, a impossibilidade de dano ao bem jurídico. Um critério negativo como é a impossibilidade de dano, porém, não é a via mais adequada para avançarmos em nosso estudo.[267] Não negamos, obviamente, a sua utilidade prática. Contudo, a utilização de um critério negativo faz com que a ocorrência de dúvidas no juízo de verificação, embora impossibilite a sua afirmação, mantenha em aberto a real existência do seu contrário. O que, por outro lado, não ocorre, se partirmos de um critério positivo, de um critério que pergunte diretamente sobre a ocorrência de um provável dano ao bem jurídico. Impõe-se, por essa exata razão, a necessidade de determinarmos um critério positivo de análise.

Assim, cotejando a probabilidade de dano a partir do nosso preciso objetivo e da necessidade de um critério positivo, torna-se claro, por razões óbvias, que a probabilidade encontrará como critério extremo a *possibilidade*. De fato, o limite objetivo da noção de perigo não pode ser outro, senão a possibilidade de dano ao bem jurídico. Uma possibilidade de dano que, diante da não-exigência de um bem jurídico no raio de ação da conduta perigosa, deve ser verificada através de um juízo único, um juízo *ex ante*. Porém, vale ressaltar, um juízo *ex ante* de base total, de objetiva e real possibilidade de dano ao bem jurídico protegido.[268]

A este critério objetivo devemos, por outro lado, acrescentar ainda um segundo momento de análise. A simples possibilidade de dano pode não apresentar, muitas vezes, conteúdo de desvalor suficiente para servir de substrato material a uma determinada incriminação. Enquanto critério meramente objetivo, é capaz de afirmar o que, de imediato, não possui relevância penal, mas não o que possui. Porém, como as nossas próprias palavras já indicam, a questão agora se coloca em um outro nível. Já não é possível buscar, no circunscrito universo da objetividade, aquilo que, aos olhos do direito penal,

---

[267] Valendo-se, todavia, de um critério negativo, ver, entre outros, SCHRÖDER, Horst. Die Gefährdungsdelikte im Strafrecht. *ZStW*, 81, 1969, p. 16.

[268] A referência à noção de "possibilidade de lesão" do bem jurídico, no que tange à determinação do ilícito de perigo abstrato, pode ser já identificada na obra de alguns autores (ver, v.g., RABL, Kurt O.. *Der Gefährdungsvorsatz*. Breslau-Neukirche, 1933, p. 22; MARTIN, Jörg. *Strafbarkeit grenzüberschreitender Umweltbeeinträchtigungen*. Zugleich ein Beitrag zur Gefährdungsdogmatik und zum Umweltvölkerrecht. Freiburg i. Br.: Max-Planck-Inst. für Ausländ. u. Internat. Strafrecht, 1989, p. 86), muito embora sem a atenção que nos parece necessária e normalmente desprovida do necessário rigor, alternando-se (ou, até mesmo, confundindo-se), não raramente, com exigências de *probabilidade* de lesão.

é juridicamente significativo. A resposta acerca do significado jurídico-penal dessa possibilidade não pode ser encontrada em outro lugar, salvo no âmbito da normatividade, em um critério negativo expresso na noção de *não-insignificância*. Um critério que, de modo algum, deve ser entendido em termos probabilísticos, mas sim em termos de significação, de comunicação do fato em um determinado contexto. O que irá conduzir, de forma adequada, a uma identidade com os elementos que sustentam a própria elaboração legislativa e que, exatamente por isso, faz dele um critério negativo. Ou seja, um juízo que, em termos práticos, irá coincidir com o próprio âmbito do tipo e variar, em termos de significação, de acordo com o tipo de ilícito a que está relacionado. Para tanto, basta perceber, *v.g.*, que, no âmbito de regulamentação da energia nuclear, mesmo uma possibilidade remota de dano ao bem jurídico pode já ser detentora de desvalor suficiente para servir de substrato a um crime de perigo abstrato, o que, por outro lado, pode se dar de forma diferente quando o dano referencial não apresenta tamanha gravidade.

O critério limite de verificação de uma situação de perigo abstrato é, desse modo, um critério misto, objetivo-normativo, expresso na idéia de *possibilidade não-insignificante de dano ao bem jurídico*, a ser constatada, pelo magistrado, através de um juízo *ex ante* de base total – ou seja, um juízo em que são consideradas todas as circunstâncias objetivas *in casu* relevantes, independentemente do seu conhecimento por parte do autor. Logo, uma realidade normativa não só diversa dos crimes de perigo concreto, nos quais se exige uma alta probabilidade de dano, mediante a realização de um duplo juízo de verificação, mas também diversa dos crimes de "perigo (concreto) de proteção antecipada" ou "crimes de idoneidade", nos quais, embora se dispense o juízo de verificação *ex post*, eis que se trata de uma espécie de perigo abstrato *lato sensu*, é preciso manter a exigência da alta probabilidade de dano.[269] Uma realidade normativa que, colocada nesses termos, respeita a opção legislativa no sentido dos crimes de perigo abstrato e mantém a salutar diversidade de técnicas de tutela.

---

[269] Essa categoria de crimes é melhor compreendida se tomada como um perigo concreto, do qual suprimimos apenas o juízo de análise *ex post*, permanecendo, assim, a exigência de probabilidade *ex ante* de dano, normal aos delitos de perigo concreto. Sobre a questão, ver FARIA COSTA, José de. *O perigo em direito penal*. Contributo para a sua fundamentação e compreensão dogmáticas. Coimbra: Coimbra Ed., 1992, p. 641 ss.

Mas não só. Importa ainda ressaltar que a essa compreensão dos tradicionais crimes de perigo abstrato corresponde uma forma específica de ofensa: uma *ofensa de cuidado-de-perigo*.[270] Diferente de alguns autores que procuram identificar, em situações semelhantes, hipóteses de exclusivo desvalor da ação, acreditamos que a proposta em questão traduz a ocorrência de um efetivo desvalor de resultado, de um resultado jurídico capaz de dar substância a uma legítima forma de ofensa.[271]

Segundo a nossa compreensão das coisas, as formas de ofensa são, na verdade, formas de perversão da *relação matricial onto-antropológica de cuidado* do eu para com o outro, devidamente mediatizada pela noção de bem jurídico.[272] Vale dizer, formas de percepção jurídica de uma desvaliosa e inaceitável oscilação das relações de cuidado que o legislador penal deseja conservar.[273] E, nesta perspectiva, não há dúvidas de que os crimes de dano e os crimes de concreto pôr-em-perigo, pela intensidade com que o bem jurídico é afetado, representam fatos de indiscutível ofensividade, fatos dotados de um real e autônomo desvalor de resultado. O que, por outro

---

[270] Ao falarmos em ofensa de cuidado-de-perigo, estamos a nos valer da tipologia de ofensa avançada por Faria Costa (FARIA COSTA, José de. *O perigo em direito penal*. Contributo para a sua fundamentação e compreensão dogmáticas. Coimbra: Coimbra Ed., 1992, p. 644 ss.) e desenvolvida por ocasião da nossa tese doutoral (D'AVILA, Fabio Roberto. Ofensividade e crimes omissivos próprios. Contributo à compreensão do crime como ofensa a bens jurídicos. *Stvdia Ivridica*, n. 85. Coimbra: Coimbra Ed., 2005, p. 159 ss.).

[271] Estamos a falar, reitere-se, de um efetivo desvalor de resultado no âmbito dos crimes de perigo abstrato. Respeitadas as suas particularidades, entendimento semelhante pode ser encontrado na proposta de Wolter, no sentido da existência de um "risco jurídicamente desvalioso" a justificar um "ilícito primário de resultado" ou "ilícito de perigosidade" (WOLTER, Jürgen. *Objektive und personale Zurechnung von Verhalten*. Gefahr und Verletzung in einem funktionalen Straftatsystem. Berlin: Duncker & Humblot, 1981, p. 356), na proposta de Martin, que se refere a criação de um "risco de lesão ao bem jurídico tutelado" (MARTIN, Jörg. *Strafbarkeit grenzüberschreitender Umweltbeeinträchtigungen*. Zugleich ein Beitrag zur Gefährdungsdogmatik und zum Umweltvölkerrecht. Freiburg i. Br.: Max-Planck-Inst. für Ausländ. u. Internat. Strafrecht, 1989, p. 83 ss.), ou, ainda, na elaboração de Gallas, que menciona a existência de um "'potencial'desvalor de resultado ou pôr-em-perigo". GALLAS, Wilhelm. Abstrakte und konkrete Gefährdung. *Festschrift für Ernst Heinitz zum 70. Geburtstag*. Berlin: Walter de Gruyter, 1972, p. 181.

[272] FARIA COSTA, José de. *O perigo em direito penal*. Contributo para a sua fundamentação e compreensão dogmáticas. Coimbra: Coimbra Ed., 1992, passim. Ver, também, D'AVILA, Fabio Roberto. Ontologismo e ilícito penal. Algumas linhas para uma fundamentação onto-antropológica do direito penal. *Direito penal contemporâneo*. Livro em homenagem ao Prof. Dr. Cezar Roberto Bitencourt. Andrei Zenkner Schmidt (Org.). Rio de Janeiro: Lumen Juris, 2006, p. 259 ss.

[273] FARIA COSTA, José de. *O perigo em direito penal*. Contributo para a sua fundamentação e compreensão dogmáticas. Coimbra: Coimbra Ed., 1992, p. 623 e 634.

lado, não nos parece que seja alheio aos crimes de perigo abstrato, uma vez considerados a partir da compreensão que lhe temos até aqui emprestado.

Ocorre que, diferentemente do perigo concreto, em que o bem jurídico entra no raio de ação da conduta perigosa, permitindo falar em um verdadeira crise do bem jurídico, o ilícito-típico de perigo abstrato se satisfaz com uma *interferência na esfera de manifestação do bem jurídico*, a qual retira deste a segurança da sua continuidade existencial. Ou, dito de outra forma, a entrada do bem jurídico no raio de ação da conduta perigosa é desnecessária, porque nos crimes de perigo abstrato busca-se proteger, mais precisamente, *a dimensão dinâmica* do bem jurídico, através da ampliação da tutela penal ao *campo de atuação desse mesmo bem jurídico*. Para tanto, é preciso reconhecer a existência de um campo de atuação ou de uma esfera de manifestação do bem jurídico, correspondente ao espaço necessário à própria existência do bem enquanto categoria dinâmica, enquanto categoria que só alcança a completude, se entendida no dinamismo que a sua expressão exige. E, deste modo, se tomada como uma concepção também dinâmica, fica clara a possibilidade do legislador, para garantir a tranqüilidade existencial de certos bens, de oferecer uma proteção penal que abranja também a sua esfera de manifestação.

Assim, quando falamos em possibilidade não-insignificante de dano ao bem jurídico, estamos propondo um critério que busca verificar, no caso concreto, a ocorrência de uma interferência jurídico-penalmente desvaliosa na esfera de manifestação do bem jurídico, isto é, uma ofensa de cuidado-de-perigo. Em termos práticos, se, em uma perspectiva *ex ante*, a conduta *criou uma situação de perigo que intersecciona a esfera de manifestação do bem jurídico*. Intersecção esta que, como é fácil de perceber, coincide perfeitamente com a constatação da *possibilidade não-insignificante de dano*.

Vejamos isto a partir do tradicional exemplo do trânsito: Em uma estrada de duplo sentido, o condutor A resolve fazer uma ultrapassagem imprudente no preciso momento em que possui à sua frente uma curva que lhe retira a visibilidade. Daqui, três situações podem seguir: *(1)* o condutor A, ao realizar a ultrapassagem, encontra um carro em sentido contrário, com o qual se choca, provocando a morte do condutor B. *(2)* O condutor A, encontra um carro em sentido contrário, com o qual não se choca, em razão de uma manobra defensiva realizada pelo condutor B, que o faz, até mesmo, sair da estrada. *(3)* O condutor A não encontra nenhum carro em sentido contrário, conseguindo concluir a ultrapassagem. Como se percebe, em uma perspectiva *ex ante*, as três situações são idênticas, diferenciando-se apenas em uma perspectiva *ex post*. O condutor A cria *situações de perigo* que evoluem de forma diferente e que irão caracterizar diferentes formas de ofensividade. No primeiro caso, um dano; no segundo, um concreto pôr-em-perigo; e, no terceiro, uma ofensa de cuidado-de-perigo. Afinal, não há dúvida de que, ao realizar a ultrapassagem, o condutor A cria uma situação de perigo que intersecciona a esfera de manifestação do bem jurídico, retirando-lhe a tranqüila expressão – que, em determinadas situações, pretende preservar a norma – mediante uma significativa possibilidade de dano. O que, por certo, não ocorreria, se, por alguma razão, como, *v.g.*, na hipótese da estrada estar fechada em sentido contrário, não fosse possível afirmar a referida possibilidade de dano.

Esta conclusão que pode ser igualmente aplicada tanto aos casos tradicionais de perigo abstrato presentes na literatura germânica – *v.g.*, o incêndio grave (*schwere Brandstiftung*, § 306a, Abs.1 StGB),[274] em que o incendiário isola a casa, impossibilitando que alguém venha a ser atingido pelas chamas,[275] e o alcoolismo na condução de veículos (*Trunkenheit im Verkehr*, § 316, Abs.1 StGB),[276] em que o condutor embriagado dirige em uma cidade ou região desabitada[277] – como em controvertidas hipóteses da legislação brasileira – *v.g.*, o depósito para venda de produtos impróprios para o consumo

---

[274] § 306 a StGB – Incêndio grave. *(1)* Quem, por meio de um incêndio, destruir total ou parcialmente ou colocar fogo em: 1. um prédio, um barco, uma cabana ou outro local que sirva para moradia de pessoas; 2. uma igreja ou outro prédio que sirva para o exercício da religião; ou 3. um local que sirva, por vezes, a estadia de pessoas, durante o período em que costumam lá estar, será punido com pena de prisão não inferior a um ano.

[275] Ver HORN, Eckhard. *Konkrete Gefährdungsdelikte*. Köln: Otto Schmidt, 1973, p. 22; BREHM, Wolfgang. *Zur Dogmatik des abstrakten Gefährdungsdelikts*. Tübingen: Mohr, 1973, p. 126 ff; ZIESCHANG, Frank. *Die Gefährdungsdelikte*. Berlin: Duncker & Humblot, 1998, p. 380 s.

[276] § 316 StGB – Condução em estado de embriaguez. (1) Quem conduzir um veículo no trânsito (§§ 315 a 315d), embora, em razão da ingestão de bebida alcoólica ou outro meio que leve a embriaguez, não esteja em condições de conduzi-lo com segurança, será punido com pena de prisão até um ano ou multa, se o fato não for punido pelo § 315a ou pelo § 315c.

[277] Ver MARTIN, Jörg. *Strafbarkeit grenzüberschreitender Umweltbeeinträchtigungen*. Zugleich ein Beitrag zur Gefährdungsdogmatik und zum Umweltvölkerrecht. Freiburg i. Br.: Max-Planck-Inst. für Ausländ. u. Internat. Strafrecht, 1989, p. 93; ZIESCHANG, Frank. *Die Gefährdungsdelikte*. Berlin: Duncker & Humblot, 1998, p. 380 s.

(art. 7º, IX, Lei 8.137/90), em que, embora com o prazo de validade vencido, o produto está em plenas condições de ser consumido;[278] e o porte ilegal de arma de fogo (art. 14, Lei 10.826/2006), estando a arma totalmente desmunciada e sem munição acessível.[279] E mais. Pode ser também aplicada aos crimes de perigo abstrato do direito penal ambiental, o que parece bem ilustrar o § 326 I Nr.1 StGB e o art. 44 da Lei 9.605/98.

Tratando-se do crime de "manejo não autorizado de resíduos perigosos" (§ 326 I Nr.1 StGB),[280] não há que se falar em perigo ao bem jurídico se, em decorrência da eliminação dos referidos resíduos, nem sequer for possível afirmar, mediante um juízo *ex-ante*, uma possibilidade não-insignificante de dano a seres humanos ou animais, *in casu, ratio essendi* da norma incriminadora. Para isso, basta imaginarmos uma hipótese em que o autor, conquanto não atenda às regras administrativas concernentes à eliminação de dejectos, realize medidas alternativas que sejam tão ou mais eficazes que aquelas prescritas administrativamente, evitando, desse modo, a possibilidade de prejuízos ao meio ambiente. Lógica que é, inclusive, reforçada pela disposição de uma "cláusula mínima" ou também chamada de "cláusula de bagatela" (§ 326 VI StGB)[281] que, muito embora através de um critério negativo, orientado pela quantidade de resíduos, afirma a não-punibilidade do fato na ausência de "efeitos nocivos para o meio ambiente" (*schädliche Einwirkungen auf die Umwelt*).

---

[278] Em sentido contrário, defendendo uma compreensão do respectivo ilícito penal como mera violação de um dever, ver, v.g., os julgados RHC 17.161, de 15.12.2005 e HC 38.200, de 23.11.2004, do STJ.

[279] Em orientação semelhante, ver o julgado RHC 81.057, de 25.05.2004, do STF.

[280] § 326 StGB – Manejo não autorizado de resíduos perigosos. (I) Quem, sem autorização, fora de uma instalação autorizada para esse fim ou em desvio essencial de procedimento permitido ou prescrito, manejar, armazenar, depositar, abandonar ou, de outra maneira, eliminar resíduos que: (1) possam produzir ou conter toxinas ou micróbios de doenças contagiosas e que constituam um perigo público para homens ou animais; (...) será punido com pena de prisão até 5 anos ou multa.

[281] § 326 VI StGB – "O fato não é punível se os efeitos danosos sobre o meio ambiente, especialmente, sobre o homem, a água, o ar, o solo, animais ou plantas úteis, em razão da pequena quantidade de resíduos, estiverem excluídos, de forma evidente". Sobre a questão, ver LENCKNER, Theodor; HEINE, Günter. In: SCHÖNKE/SCHRÖDER. *Strafgesetzbuch Kommentar*, 27. ed. München: Beck, 2006, p. 2.698 (§ 326, Rn. 17 ss.); TRÖNDLE, Herbert; FISCHER, Thomas. *Strafgesetzbuch und Nebengesetze*. 52 ed. München: Beck, 2004, p. 2.178 (§ 327, Rn.17); DÖLLING, Dieter. *Zur Entwicklung des Umweltstrafrechts*. Festschrift für Günter Kohlmann, Köln, 2003, p. 116; KLOEPFER, Michael; VIERHAUS, Hans-Peter. *Umweltstrafrecht*. 2. ed. München: Beck, 2002, p. 84 s.; TRIFFTERER, Otto, *Umweltstrafrecht*. Einführung und Stellungnahme zum Gesetz zur Bekämpfung der Umweltkriminalität, Baden Baden: Nomos, 1980, p. 214 ss.

E diferente não é, *v.g.*, no que se refere ao crime de extração não-autorizada de minerais, previsto pela legislação ambiental brasileira (art. 44 da Lei 9.605/98). Em regra, os danos ambientais aqui relacionados dizem respeito, principalmente, à flora e à fauna – pela retirada da vegetação na abertura das bancadas e pela acumulação de rejeitos sobre espaços de mata nativa –, e à obstrução de corpos hídricos pelos rejeitos da extração. E a estes danos deve estar, necessariamente, relacionado o reconhecimento do ilícito-típico em questão. Ou seja, caso da extração não-autorizada não advenha qualquer possibilidade não-insignificante, *ex ante* verificada, de dano aos respectivos valores ambientais tutelados, afastado estará, de pronto, a existência do ilícito-típico de perigo abstrato, pela absoluta ausência de ofensividade, *rectius* de uma ofensa de cuidado-de-perigo. Afinal, a simples falta de autorização, por si só, não significa desacordo material com as exigências técnicas que permitiriam conferir a respectiva autorização, as quais, no caso concreto, podem muito bem ter sido atendidas pelo autor. E, ademais, podemos estar diante de hipóteses bagatelares, insignificantes, mas cujo reconhecimento só se torna possível se tomado o ilícito-típico para além de uma mera desobediência às precrições administrativas.

Contudo, as dificuldades de verificação de uma ofensa de cuidado-de-perigo não ficam por aqui. Há ainda um particular grupo de casos, normalmente classificados como crimes de perigo abstrato, em que a análise da ofensa alcança uma ainda maior complexidade, e que, exatamente por isso, merece um especial cuidado. Trata-se dos denominados crimes de acumulação.

3. Crimes de acumulação e ofensividade. A ofensa de cuidado-de-perigo em contextos instáveis

Os denominados *crimes de acumulação* chamam a atenção para um particular grupo de casos em que, diferentemente dos tradicionais crimes de perigo abstrato, nem sequer uma perigosidade geral ou abstrata estaria associada à conduta punível. Caracterizam-se por condutas consideradas, individualmente, inofensivas em relação ao objeto de tutela da norma, incapazes de gerar qualquer dano ou perigo de dano ao bem jurídico tutelado, mas que, quando tomadas a partir de uma hipótese de acumulação, da hipótese da sua prática por um grande número de pessoas, ou ainda, na expressão de Herzog, "onde iríamos parar, se todos fizessem o mesmo",[282] se tornam extremamente danosas ao meio ambiente. Logo, condutas cujo conteúdo de significação jurídico-penal, individualmente incapaz de consubstanciar sequer um crime de perigo abstrato, é obtido a partir da consideração hipotética da sua repetição em grande número.

Uma das mais significativas elaborações neste âmbito é, sem dúvida, a de Lothar Kuhlen, responsável pela própria denominação "delito de acumulação" (*Kumulationsdelikt*).[283] Este autor, valendo-se de uma compreensão "ecológico-antropocêntrica de bem jurídico", observa o equívoco da leitura do crime de poluição das águas (§ 324 StGB)[284] como crime de lesão, em que as respectivas águas, aqui entendidas como portadoras do bem jurídico, pela simples entrada do resultado, são lesadas em seu interesse de conservação do *status quo*. O que, por certo, corresponde a uma forte e bizarra concepção ecocêntrica do § 324 StGB, na qual a profanação das águas é equiparada a uma lesão corporal.[285] Para Kuhlen – e, ao nosso sentir, neste particular, de forma absolutamente correta –, o bem jurídico protegido pelo § 324 StGB é melhor percebido a partir de uma compreensão ecológico-antropocêntrica, na qual as águas surgem como "fundamento de vida para homens, animais e plantas" (*Lebensgrundlangen für Menschen, Tiere und Pflanzen*).[286] Uma concepção que valoriza não

---

[282] HERZOG, Félix. *Gesellschaftliche Unsicherheit und strafrechtliche Daseinsvorsorge. Studien zur Vorverlegung des Strafrechtsschutzes in den Gefährdungsbereich*. Heidelberg: v. Decker, 1991, p. 144. Ver, também, SILVA SÁNCHEZ, Jesús-María. *La expansión del derecho penal. Aspectos de la política criminal en las sociedades postindustriales*. 2. ed. Madrid: Civitas, 2001, p. 131.

[283] KUHLEN, Lothar. Der Handlungserfolg der strafbaren Gewässerverunreinigung (§ 324 StGB). *GA*, 1986, p. 389 ss.; e, do mesmo autor, Umweltstrafrecht. Auf der Suche nach einer neuen Dogmatik. *ZStW*, 105, 1993, p. 697 ss. Sobre Kumulationsdelikte, ver, também, HIRSCH, Andrew von. *Fairness, Verbrechen und Strafe: Strafrechtstheoretische Abhandlungen*. Berlin: Berliner Wissenschafts-Verlag, 2005, p. 99 ss.

[284] § 324 StGB – Poluição das águas. Quem, sem autorização, polua as águas ou, de outro modo, altere de forma prejudicial as suas características, será punido com pena de prisão até 5 anos ou multa.

[285] KUHLEN, Lothar. Umweltstrafrecht. Auf der Suche nach einer neuen Dogmatik. *ZStW*, 105, 1993, p. 714.

[286] KUHLEN, Lothar. Umweltstrafrecht. Auf der Suche nach einer neuen Dogmatik. *ZStW*, 105, 1993, p. 715. Ver, também, CRAMER, Peter; HEINE, Günter. In: SCHÖNKE/SCHRÖDER. *Strafgesetzbuch Kommentar*, 27. ed. München: Beck, 2006, p. 2.659 (§ 324, Rn. 1); TRÖND-

só a dimensão antropológica do bem, representada pelo "interesse, a longo prazo, da coletividade na conservação das águas como fundamento natural da vida ou recurso do Homem" (*das langfristige Interesse der Allgemeinheit an der Erhaltung der Gewässer als natürliche Lebensgrundlagen oder Ressourcen des Menschen*), como também a sua dimensão ecológica, na qual este ascende como Biotop, ou seja, "como espaço de vida, digno de proteção, para animais e plantas" (*als schutzwürdiger Lebensraum für Tiere und Pflanzen*). Um bem jurídico de proporções globais que, embora, em um primeiro momento, coloque dificuldades no que tange à individualização da ofensa, quer seja de dano, quer seja de perigo, consegue superá-las, quando considerado a partir de uma devida e necessária concretização na função que determinadas águas ou parte delas preenchem, verdadeiramente, no momento da conduta – *v.g.*, a morte de peixes ou a inutilização de uma fonte de água potável.[287]

E, partindo de uma tal compreensão de bem jurídico, Kuhlen propõe o reconhecimento do § 324 StGB como um exemplo de crime de acumulação. Uma categoria de crimes cuja relevância penal seria encontrada não em uma geral perigosidade, mas apenas na hipótese de sua acumulatividade. Condutas que se tornam penalmente significativas, porque seria de se calcular que, sem uma proibição sancionatória, elas seriam realizadas em grande número, causando, assim, um prejuízo à função das águas, protegida pela norma.[288]

Todavia, se admitirmos os delitos de acumulação no horizonte compreensivo que nos empresta Kuhlen, se admitirmos uma tal concepção de ilícito, em que o conteúdo de significação jurídico-penal do fato transcende a própria conduta típica individualmente considerada, devemos igualmente reconhecer, neste particular grupo de casos, a absoluta ausência de ofensividade, com todas as consequências que, em termos de legitimidade, daí advém. Pois, por certo, não é possível conceber uma noção de ofensa que transcenda a particular relação entre a conduta descrita pelo tipo e o bem jurídico tutelado pela norma, em que a ofensa só é percebida fora dos limites relacio-

---

LE, Herbert; FISCHER, Thomas. *Strafgesetzbuch und Nebengesetze*. 52 ed. München: Beck, 2004, p. 2.152 (§ 324, Rn.2).

[287] KUHLEN, Lothar. Umweltstrafrecht. Auf der Suche nach einer neuen Dogmatik. *ZStW*, 105, 1993, p. 714 s.

[288] KUHLEN, Lothar. Umweltstrafrecht. Auf der Suche nach einer neuen Dogmatik. *ZStW*, 105, 1993, p. 716.

nais da conduta punível, a partir da consideração de uma hipótese teórica de repetição que, na ausência da proibição, seria de se calcular. A noção de acumulatividade de Kuhlen é, por essa razão – mas também por muitas outras que, todavia, não podem ser aqui consideradas –,[289] ao menos em direito penal, totalmente inaceitável.

Isso não significa, porém, que a técnica legislativa utilizada no § 324 StGB, isto é, a disposição do ilícito-típico na forma de um crime de perigo abstrato,[290] tão comum no âmbito na legislação ambiental nacional e estrangeira, seja inviável sob a perspectiva da ofensa a bens jurídicos. Acreditamos, pelo contrário, que, resguardadas as suas particularidades dogmáticas, este preciso grupo de casos também admite uma recuperação hermenêutica a partir da noção de cuidado-de-perigo, em que pese com sentido e amplitude bem diversos daqueles que lhe são emprestados por Kuhlen. Vejamos.

Quando falamos em cuidado-de-perigo como forma de ofensa e, por isso, afirmamos tratar-se de um efetivo resultado jurídico, fizemo-lo levando em consideração o conteúdo material de ofensividade que expressa a noção de cuidado-de-perigo. Não se trata, em hipótese alguma, de uma mera característica da ação, mas sim de uma realidade jurídico-penalmente desvaliosa que se projeta, a partir de uma relação de dependência absoluta com o contexto, para além da própria conduta. Só podemos falar em ofensa de cuidado-de-perigo, em possibilidade não-insignificante de dano ao bem jurídico à luz de um concreto contexto, pois é exatamente o contexto que, cotejado a partir da conduta típica, irá permitir a afirmação ou negação de uma possibilidade de dano. É dizer, quando afirmamos que o ato de pôr fogo em uma residência pode produzir uma ofensa de cuidado-de-perigo, em razão da possibilidade de atingir pessoas,

---

[289] Outras críticas direcionadas à elaboração de Kuhlen podem também ser encontradas em SILVA SÁNCHEZ, Jesús-María. *La expansión del derecho penal*. Aspectos de la política criminal en las sociedades postindustriales. 2. ed. Madrid: Civitas, 2001, p. 132; MENDOZA BUERGO, Blanca. *Límites dogmáticos y políticos-criminales de los delitos de peligro abstracto*. Granada: Comares, 2001, p. 65; e, principalmente, SILVA DIAS, Augusto. What if everybory did it?: Sobre a '(in)capacidade de ressonância' do direito penal à figura da acumulação. *RPCC*, 13, 2003, p. 303 ss.

[290] Esta assertiva está longe de pretender representar a compreensão majoritária da doutrina alemã acerca da classificação do referido dispositivo, segundo a qual haveria aqui, em verdade, um crime de lesão (ver, por todos, TRÖNDLE, Herbert; FISCHER, Thomas. *Strafgesetzbuch und Nebengesetze*. 52 ed. München: Beck, p. 2.152 (§ 324, Rn.2)). Pretende, antes, atender a forma como ele, ao nosso sentir, é melhor percebido a partir da compreensão de bem jurídico aqui recepcionada.

fazemos isso ao considerar o contexto no qual a conduta ingressa. Da mesma forma que, ao considerar o exemplo da ultrapassagem, somente será possível afirmar ou negar uma possibilidade de dano, levando em consideração o contexto. Se o autor isolou a área antes de colocar fogo na residência, se a estrada estava fechada no sentido contrário, estará excluída a possibilidade de dano, não em razão de alterações na conduta em si, mas em função do contexto no qual esta conduta se projeta. E isso não só nos tradicionais crimes de perigo abstrato. Também no âmbito dos crimes de acumulação, é o contexto, e não a acumulatividade da conduta, que deve merecer a nossa atenção.

Consideremos o seguinte exemplo. Imaginemos que a utilização industrial de um determinado gás seja proibida em razão de estudos que certificam a sua danosidade ao meio ambiente, nomeadamente à camada de ozônio, uma vez alcançados determinados índices na atmosfera. Esse mesmo gás é absolutamente inofensivo, quando considerado na particular emissão de uma fábrica. Suponhamos, agora, que, com o passar dos anos, a utilização desse gás seja totalmente substituída por um outro equivalente, porém não-prejudicial. Consideremos, por fim, que, à margem da referida substituição, seja descoberta uma pequena fábrica, a qual, em total descompasso com as demais, ainda se vale do referido gás.

Observe-se que, uma vez se tratando de um crime de perigo abstrato e levando em consideração a sua concepção tradicional, o tipo estaria formalmente preenchido pela utilização do gás. E, de forma semelhante, admitindo a lógica da acumulatividade, também poderíamos justificar a censura penal, pois, se muitas fábricas praticassem o mesmo ato, teríamos um dano ambiental. Contudo, esta não é a solução mais adequada, uma vez que já não há mais qualquer possibilidade de dano ao objeto de tutela da norma. Conquanto a conduta tenha se mantido a mesma, teoricamente acumulável, o contexto no qual ela se projeta mudou. E é exatamente a mudança do contexto que subtrai do fato o seu conteúdo de significação jurídico-penal. Em outras palavras, visto sob esta perspectiva, a problemática que envolve os denominados crimes de acumulação desloca-se da conduta para o contexto no qual ela se insere. O que, todavia, não ocorre sem colocar algumas particularidades.

Diferente dos tradicionais casos de perigo abstrato, nos quais o contexto normalmente fornece *in concreto* os elementos necessários para afirmar ou negar um prognóstico de possível dano ao bem jurídico – lembremos, *v.g.*, do caso do incêndio em que o autor toma medidas para evitar que o fogo cause prejuízos a terceiros –, os crimes ambientais reunidos pelo título de crimes de acumulação apresentam um contexto diferenciado, marcado por um alto grau de complexidade, decorrente da interação de inúmeros fatores que, em uma perspectiva *ex ante*, são flutuantes, incertos, meramente prováveis. Fatores que, no entanto, condicionam a possibilidade de dano ao bem jurídico. Mas não só. A concorrência de todos os fatores relevantes – como, *v.g.*, em uma hipótese de poluição do ar, poderiam estar as condições climáticas, a geografia do local, o grau de urbanização e industrialização da área, além, certamente, do nível de poluição atmosférica, no qual há fatores estáticos e dinâmicos, entre os quais o índice de emissão contínuo produzido pela conduta poluidora de terceiros – pode levar a conduta não apenas a uma ofensividade de cuidado-de-perigo, mas a um verdadeiro dano ao bem jurídico. Em síntese, um contexto marcado por uma intensa instabilidade e complexidade.

Porém, a conjugação dos fatores nos crimes ambientais de contexto instável revela uma outra interessante característica. Enquanto nos tradicionais casos de perigo abstrato a concorrência ideal dos fatores contextuais servem, normalmente, para afirmar apenas uma possibilidade de dano ao bem jurídico, nesse particular grupo de crimes, a concorrência ideal de fatores permite afirmar um efetivo dano. Mas o que haveria de diferente? A resposta parece-nos uma só: a posição do bem jurídico. Como já tivemos a oportunidade de observar, os tradicionais crimes de perigo abstrato não exigem a presença do bem jurídico no raio de ação da conduta perigosa. Logo, a conjugação dos fatores contextuais servem para indicar a possibilidade de entrada do bem jurídico no âmbito de atuação do perigo, ou seja, para indicar a intersecção da esfera de manifestação do bem jurídico com o raio de ação da conduta perigosa. Nos ilícitos ambientais em estudo, porém, isso se dá de forma diferente. Aqui, em razão da conformação do ilícito-típico e da matéria de proibição, o bem jurídico estará, através de sua expressão fenomênica, invariavelmente presente.

Mas se isso é assim, se o bem jurídico está sempre presente, é forçoso concluir que, embora os fatores contextuais relevantes não possam ser apreendidos em sua totalidade, uma tal exigência tampouco faz parte do ilícito-típico em questão. Aqui não se exige um dano ao bem jurídico, mas apenas a possibilidade da sua ocorrência. O que, por sua vez, vai coincidir com *a possibilidade de conjução dos fatores contextuais* necessários para a ocorrência de uma ofensa de dano ao bem jurídico. De forma breve: a possibilidade que normalmente está voltada à entrada do bem jurídico no raio de ação da conduta perigosa, aqui se volta à conjunção dos fatores contextuais, uma vez que o *bem jurídico já se encontra no raio de ação da conduta perigosa*.

O denominado contexto de instabilidade assume, portanto, um papel de particular relevância neste interessante espaço normativo. Não só como elemento que irá propiciar a afirmação ou negação da possibilidade de dano, mas, até mesmo, como elemento informador do significado jurídico-penal desta mesma possibilidade. Observe-se que a lógica que perpassa as chamadas cláusulas mínimas (ou de bagatela) não é outra coisa senão a consideração, *in abstrato*, do impacto de uma determinada conduta em relação a um dado contexto. Por certo, quanto maior o grau de poluição de uma área, menor deverá ser o nível de poluição tolerado pela lei, e vice-versa, numa relação de dependência que encontra o seu ideal na maior proximidade possível com o contexto real. As cláusulas mínimas oferecem um juízo prévio e geral de significação da projeção de uma determinada conduta em um contexto de instabilidade, capaz de afirmar as hipóteses que, ao menos abstratamente, corresponderiam a uma ofensa de cuidado-de-perigo. O que, se por um lado, é suficiente para dizer o que não é penalmente relevante, por outro, é insuficiente para afirmar aquilo que o é. Enquanto juízo genérico, e da mesma forma que ocorre nos tradicionais crimes de perigo abstrato, precisa ser posteriormente acertado à luz das circunstâncias concretas do caso.

É preciso verificar, *v.g.*, retornando à hipótese trazida por Kuhlen, se a emissão de resíduos em um determinado rio, além de suplantar os índices permitidos, ocasiona, diante das circunstâncias concretas do caso, uma efetiva ofensa de cuidado-de-perigo, uma possibilidade não-insignificante de dano ao meio ambiente, enquanto fundamento da vida para homens, animais e plantas.

E diferente não é no que tange à legislação brasileira. Muito embora o crime de poluição previsto no art. 54 da Lei 9.605/98, pelo fato de constituir, alternativamente, um delito de dano ("que resultem") ou um delito de "perigo concreto de proteção antecipada" ("ou possam resultar"), tenha a vantagem de manifestar, expressamente, a necessidade de uma ofensa ao bem jurídico-tutelado, mesmo em uma hipotética previsão na forma de um crime de perigo abstrato, uma análise dos efeitos da conduta sobre o objeto jurídico não estaria dispensada, mas apenas redimensionada. Ao invés dos elementos necessários ao reconhecimento da ofensa nos crimes de dano ou de "perigo concreto de proteção antecipada", bastaria a verificação de uma ofensa de cuidado-de-perigo, nos termos em que é exigida para os crimes de perigo abstrato. O que, inclusive, parece bem ilustrar o art. 29 da Lei 9.605/98.

Diversamente do que pode sugerir em um primeiro momento, o art. 29 não se trata de um crime de dano/violação, mas sim de perigo abstrato. Considerando a sua primeira modalidade típica, isto é, "matar espécimes da fauna silvestre, nativos ou em rota migratória", fica bastante claro que o objeto de proteção da norma não é a vida de um animal em si mesma e isoladamente considerada, o que poderia ser aceito apenas em uma perspectiva exacerbadamente ecocêntrica do bem jurídico, através de uma analogia com o crime de homicídio, a todas as luzes, juridicamente insustentável. O que temos aqui é, por outro lado, a tutela da fauna silvestre, a ser devidamente concretizada em uma determinada espécie e a partir de um dado ecossistema. É a continuidade e o equilíbrio existencial, normativamente exigidos, das espécies nativas, concretizados em um determinado ecossistema, que consiste o objeto de tutela da norma. Daí que a morte de um único animal, embora seja, *in casu*, um resultado material exigido pelo tipo, não só não consiste, *per se*, em um dano ao bem jurídico-penal, como apenas em casos excepcionais, como, *v.g.* na hipótese de espécies animais em extinção, poderia ser suficiente para consubstanciar o perigo indispensável à existência do crime. Para além da constatação da referida morte, é preciso considerar o seu significado para o objeto de proteção da norma. Vale dizer, se a morte de um animal ou de determinada quantidade de animais significa, à luz do caso concreto, uma possibilidade não-insignificante de dano à respectiva espécie em um dado ecossistema, e, portanto, uma ofensa de cuidado-de-perigo. Somente a partir de um juízo positivo acerca desta possibilidade, é que poderemos reconhecer a existência do crime em questão.

Com efeito, e quanto a isso não acreditamos haver qualquer dúvida, uma proposta nestes termos restringe, de forma significativa, a abrangência do ilícito penal no âmbito do meio ambiente. O que, entretanto, vale salientar, não significa uma necessária ausência de regulamentação das condutas que não atendam às exigências materiais aqui observadas, mas apenas a impossibilidade da sua regulamentação *pelo direito penal*, restando, por conseqüência, em aberto o seu tratamento pelo direito civil e, principalmente, pelo direito administrativo (sancionador). Ademais, acreditamos também que a noção de contexto de instabilidade permite um adequado redimensionamento do significado jurídico-penal da realização de condutas semelhantes praticadas por terceiros. Não mais tomado sob uma hipótese de repetição e tampouco a partir de uma lógica de prevenção geral, mas sim como elemento real inserido, *v.g*, quer na aferição do grau de poluição já existente em uma determinada área, sob uma perspectiva estática, quer nos índices variáveis de emissão de poluentes, sob uma perspectiva dinâmica. Logo, como elemento invariavelmente presente, direta ou indiretamente, entre os fatores contextuais relevantes para análise da ofensividade.

4. Considerações finais

No atual estado das ciências jurídico-penais, em que temos presenciado, no âmbito do direito penal ambiental, mas também em inúmeros outros espaços de normatividade do denominado direito penal secundário, o contínuo esvanecer das linhas que historicamente conferiram identidade ao direito penal, parece-nos legítimo e necessário um voltar de olhos ao resultado jurídico, à noção de ofensa a bens jurídicos. Um voltar de olhos comprometido não apenas em resgatar o significado crítico-garantista da idéia de ofensividade, mas também em desenvolver categorias capazes de atender aos desafios que o nosso tempo coloca. E exatamente neste espaço é que acreditamos que o conceito de *ofensa de cuidado-de-perigo*, aqui apenas esboçado em suas linhas fundamentais, tem muito a oferecer. Não, certamente, como categoria capaz de legitimar toda e qualquer pretensão político-criminal do Estado, pois, se assim fosse, subverteria a sua própria razão de ser. Mas como categoria que, ao impor limites materias fortes à atuação do direito penal nos novos espaços de intervenção, sem, contudo inviabilizá-la, confere-lhe simultaneamente legitimidade, em um espaço no qual é ainda possível surpreender traços intensos de identidade.

Impressão e Acabamento

Rotermund

Fone/Fax (51) 3589-5111
comercial@rotermund.com.br